KB201681

팬데믹 시대,
철학은 무엇을 해야 하는가

포스텍
융합문명연구원
문명과 사회
총서 05

팬데믹 시대

감염적 존재 '호모 인펙티부스'를 위하여

철학은 무엇을 해야 하는가

강
철

파이돈

왜 지금 '팬데믹 윤리'인가?

이 책의 목적은 코로나19(COVID-19) 팬데믹의 경험을 성찰하고, 미래의 감염병 재난에 대비하기 위해서 철학이 어떤 방식으로 기여할 수 있는지를 탐구하는 데 있다. 감염병 재난에 대비하기 위해서는, 그 재난 현상을 이해하고 규정하는 기존의 개념이 과연 최선인지를 비판적으로 고찰해야 한다. 재난 상황에서는 개인의 자유와 사회의 안전과 같은 가치들이 경쟁하기 마련이며 이때 우선순위를 분별해줄 판단의 기준을 제시해야 한다. 더 나아가 그러한 가치와 기준이 사회적으로 어떻게 작동하고 어떤 규범적인 결과를 낳을지를 검토해야 한다. 이 글은 그러한 작업을 하기 위한 철학적 방법론으로서 개념공학(conceptual engineering)을 탐구하고 있다.

개념공학은 단지 개념의 의미를 분석하는 데 그치지 않고, 그것이 사회적으로 어떻게 기능하는지, 어떤 규범적인 결과를 낳는지를 평가하며 보다 나은 개념을 설계하는 실천적인 철학 분야 중 하나다. 개념공학에서는 '개념' 자체가 논의의 대상인데, 이때 개념이란 용어, 문장, 물음, 프레임, 이미지, 인식체계, 가치체계 등 말하자면 생각을 할 때 사용하는 '생각의 연장'을 뜻한다. 이 책의 핵심 작업 중 하나는 개념공학에 의거해서 팬데믹 상황에서 사용된 개념들이 어떤 현실적 효과를 갖는지를 분석하고, 그 개념들을 윤리적·사회적 측면에서 더 정당한 방식으로 개선하기 위한 일종의 사고실험(thought experiment)을 수행하는 것이다. 이와 같은 개념공학적 접근이 단지 이론적 사유에 머무르지 않고 역사적 현실에서 어떻게 작동했는지를 보여주는 실증적 사례로, 본문에서는 일본 에도 시대(1603-1868)를 일종의 '개념공학의 실험실'로 간주하고, 난학자들의 번역활동을 개념공학적 실천으로 해석할 것이다.

코로나19 팬데믹은 감염병이라는 의료적·행정적 재난은 물론이고, 우리가 오랫동안 당연하게 받아들여 온 인식체계와 가치체계에 근본적인 질문을 던진 규범적인 위기이기도 했다. 다시 말해, 팬데믹은 우리가 서로를 어떻게 인식하고, 어떤 가치를 우선시해야 하며 서로를 어떻게 대해야 하는지를 근본적으로 재고하도록 만든 계기였다. 이를 잘 보여주는 용어가 '사회적 거리두기', '슈퍼전파자', '자가격리', '무증상 감염자' 등과 같은 용어들이다. 이 용어들은 표면적으로는 중립적인 과학적 사실을 기술하는 것처럼 보이지만, 그 이면에는 또한 특정 개인이나 집단을 표적화하고, 감염을 개인의 책임으로 환원시키는 사회적 낙인효과를 야기하였다. 이러한 개념은 방역을 위한 효율적인 분류방식으로 작동하면서도, 동시에 비난과 혐오를 유발하고, 감염 사실을 은폐하려는 심리적 반작용을 유도하여 방역의 신뢰 기반을 약화시켰다.

필자가 옹호하고자 하는 개념공학은 단순히 용어를 선택하는 문제를 넘어서, 용어들이 내포한 비가시적인 윤리적 구조와 가치 판단을 비판적인 분석을 통해 드러내고, 필요하다면 그 용어들을 대체하고, 대체된 용어들이 정당화되는 조건이 무엇인지를 규명하는 작업을 수행한다. 개념공학은 또한 의사소통의 방식에도 적용된다. 팬데믹 시기 동안, 방역 당국은 대중과의 소통 방식으로 주로 수직적인 접근, 즉 지시와 명령, 행정제제와 법적 처벌 등을 동반한 일방적 통보를 중심으로 한 소통 구조를 취하였다. 개인의 자유와 권리를 제한하는 정책들은 감염확산을 통제하기 위한 조치로서 불가피한 선택이었다. 하지만 이제 우리는 물어야 한다. 과연 그러한 수직적 소통 방식이 '유일한' 그리고 '최선의' 방식이었는가? 다가올 팬데믹에도 동일한 방식으로 대처할 것인가?

코로나19 팬데믹에 대한 사회적 경험에서도 드러났듯이, 감염확산 방지에 있어서 행정 명령의 강제력만큼이나 중요한 것은 대중의 자발적 참여와 협력이었다. 효과적인 감염병 대응은 국가 주도의 일방적인 통제만이 아니라, 대중을 신뢰 가능한 윤리적 주체로 존중하고, 그들이 자율적인 판단에 따라 책임 있게 행동하도록 유도할 수 있는 조건을 마련하는 데서 비롯된다. 이러한 조건이 갖추어지기 위해서는, 수직적 지시 체계는 물론이고 신뢰, 공감, 참여를 바탕으로 한 수평적 소통 구조도 반드시 마련되어야 한다. 이 지점에서 개념공학적 사고가 중요하게 작동할 수 있다. 예컨대 대중은 방역의 객체인가, 주체인가?라는 물음에서 우리는 하나의 개념을 선택해야 하며, 그 선택에 기반해서 설계되는 방역 메시지와 방역정책 역시 단순히 과학적이고 중립적인 결정이 아니라 어떤 가치를 지향하는 판단의 산물인 것이다.

자발적인 대중 참여를 유도하는 핵심은 개인의 행동을 통제하는 기술에 있는 것이 아니라, 사람들이 자신을 어떻게 인식하고, 어떤 인식의 틀 속에서 자신을 위치시키며, 어떤 가치를 중요하게 여기는지를 이해하는 데 있다. 이 인식과 가치의 틀은 고정된 것이 아니라, 정부의 방역 언어와 공적 담론을 통해 형성되고 재구성된다. 중요한 것은 이 관계가 일방적인 영향 구조가 아니라 순환적으로 구성되는 구조라는 점이다. 즉, 방역 언어와 정책 메시지는 대중의 인식과 행동을 형성하지만, 동시에 그렇게 형성된 인식과 행동은 다시 그러한 언어와 정책의 방향을 정당화하거나 수정하게 만드는 상호구성적 관계를 형성한다.

이러한 순환 구조는 단순한 사회행태의 설명적 도식이 아니라, 언어가 사회적 현실을 구성한다는 점에서 철학적·정치적 함의를 지닌다. 하버마스(Jürgen Habermas)의 소통행위 이론에 따르면, 진정한 소통은 정보의 전달을 넘어 상호 인정을 가능케 하며, 사회적 관계를 구성하고 질서를 형성하는 매개로 기능한다.[1] 이 관점에서 공중보건 위기 상황에서 사용된 '확진자 동선', '마스크 사재기', '슈퍼전파자', '방역수칙 위반자'와 같은 용어들은 중립적인 기술어로 간주될 수 없다. 첫째, 이 용어들은 공포나 분노를 유발하게 하는 특정한 '감정적 반응'이다. 둘째, 책임을 부과하고 통제를 해야 한다는 '규범적 판단틀'을 함축하는 용어들이다. 셋째, 어떤 자가 다른 자에게 낙인이나 배제를 할 때 전제되는 규범적인 '권력 관계'를 내포한 용어들이다. 이와 같은 특성을 지닌 용어들은 공공 담론 속에서 작동하며, 대중의 인식과 정책 결정에 실질적인 영향을 미친다. 즉, 언어는 인식을 구성하는 매체인 동시에 사회적 질서를 재생산하는 담론적 장치로서 기능한다.

요컨대 앞서 언급한 '확진자 동선' 등의 용어들은 단지 정보를 전달하거나 사실을 기술하는 데 그치지 않는다. 그와 같은 표현들은 공포나 분노를 유도하는 감정적 반응, 책임을

---

1. 하버마스는 『의사소통행위이론』과 『사실성과 타당성』에서 소통을 단순한 정보 전달의 도구가 아니라, 상호 이해(mutual understanding)와 합리적 동의(rational agreement)를 통해 사회적 행위자들이 서로를 인정하고 사회 규범을 재생산하는 실천적 기반으로 간주한다. 그는 이를 통해 소통이 사회의 제도적 질서를 구성하는 정치적·윤리적 행위라는 점을 강조하며, 언어를 사회적 세계를 구성하는 핵심 기제로 이해한다. Jürgen Habermas, *The Theory of Communicative Action, Vol. 1: Reason and the Rationalization of Society*, Boston: Beacon Press, 1984, esp. pp. 285-288; *Between Facts and Norms: Contributions to a Discourse Theory of Law and Democracy*, Cambridge: MIT Press, 1996, esp. pp. 18-22, 104-111.

귀속시키고 처벌을 정당화하는 규범적 판단틀, 특정 개인이나 집단을 낙인찍고 배제할 수 있는 비대칭적 권력 관계를 포함하고 있다. 바로 이러한 점에서 감염병 상황에서 '먼저' 확산되는 것은 바이러스 자체가 아니라 바이러스를 의미화하는 언어이며, 그 언어가 만들어 내는 사회적 효과이다. 이처럼 언어는 중립적 매개가 아니라 감정과 규범, 권력 구조를 형성하고 유포하는 작동 기제로서 기능한다.

이러한 맥락에서 언어는 단순한 의사소통의 수단이 아니라 인식의 구조를 조직하고, 사회적 행동을 조율하며, 공공의 감정과 규범을 형성하는 지식-권력의 매개체로 이해되어야 한다. 이는 미셸 푸코(Michel Foucault)의 통찰처럼, 언어가 현실을 단순히 반영하는 것이 아니라 현실을 구성하는 권력의 장치임을 시사한다. 따라서 감염병 윤리에 대한 철학적 개입은 바이러스의 생물학적 속성 자체만을 다루는 데 그쳐서는 안 된다. 철학은 그 바이러스가 어떠한 언어로, 어떠한 개념의 틀 속에서, 어떻게 사회적 현실로 구성되고 규제되는지를 비판적으로 성찰하는 작업에서 출발해야 한다. 이를 실천하는 철학적 작업으로서 본문에서는 팬데믹 상황에서 작동한 핵심 개념인 '세계', '사회', '인간' 등과 아울러

특히, '개인' 개념에 대한 니체의 계보학적 작업을 집중적으로 분석할 것이다.

요컨대 감염병 상황에서의 언어는 결코 중립적이지 않으며, 공공 담론은 언제나 특정한 세계관과 가치 판단을 내포한 채 구성된다. 바로 이 지점에서 철학의 역할이 요청된다. 사회적 담론을 가능하게 하는 개념들의 구조와 그 윤리적 함의를 분석하고, 언어를 통해 재생산되는 불평등과 배제의 구조를 성찰함으로써, 철학은 보다 정의롭고 신뢰 가능한 소통의 조건을 재구성하는 데 기여해야 한다.

여기서 강조하고자 하는 정의로운 소통이란 단순한 형식적 평등이 아니라, 각 참여자의 조건과 차이를 고려한 형평의 원칙에 따라 실질적인 발화권과 해석권이 보장되는 구조를 말한다.[2] 이는 민주주의 사회에서 공공적 소통이 윤리적 신뢰를 얻고 시민적 정당성을 갖기 위한 핵심 기반이기

---

2. 여기서 말하는 '형평의 원칙에 따른 실질적 발화권과 해석권'은 아이리스 메리언 영의 '차이를 위한 정의(Justice for Difference)' 개념에 근거한다. 영(Young)은 형식적 평등(formal equality)이 소외된 집단의 실질적 참여를 보장하지 못한다고 비판하며, 구체적 사회적 조건과 역사적 맥락에 따라 차이를 고려한 조정(differentiated equality)이 필요하다고 주장한다. 이러한 윤리적 구조는 공공 영역에서의 소통적 정의(communicative justice)를 가능하게 하며, 이는 낸시 프레이저가 말한 담론적 형평성(discursive equity) 개념과도 연결된다. I. M. Young, *Justice and the Politics of Difference*, Princeton University Press, 1990; Nancy Fraser, "Rethinking the Public Sphere", *Social Text* (25/26), pp. 56-80.

도 하다. 요컨대 철학은 인식과 가치의 체계에 작동하는 핵심 개념들을 분석하고 비판적으로 성찰하며, 이를 바탕으로 보다 지속 가능하고 정의로운 윤리적 소통 구조를 설계하는 데 실질적으로 기여해야 한다. 이러한 개념 설계 작업은 단순한 개념 비판에 머무르지 않고, 사회 구성원들 사이의 신뢰와 상호 이해를 증진시키며, 위기 대응을 위한 제도적 상상력과 규범적 기준을 제시하는 공공철학의 역할로 확장되어야 한다. 즉, 철학은 사회적 위기 속에서 소통과 협력을 가능케 하는 개념적 인프라를 구축함으로써, 단순한 사변적 학문이 아니라 위기에 직면한 민주적 공동체의 회복 탄력성을 뒷받침하는 실천적 지식으로 자리매김해야 한다.

이제 우리는 다시금 자문해야 한다. 미래의 팬데믹에 효과적으로 대응하기 위해 우리에게 요구되는 것은 무엇인가? 바이러스 감시 체계의 고도화, 의료 인프라의 확충, 백신 및 치료제의 조기 확보는 필수적이다. 그러나 이러한 기술적·제도적 조치만으로는 충분하지 않다. 우리는 또한 어떤 언어를 사용하며, 그 언어가 어떤 세계관과 가치 판단을 반영하고 구성하는지를 철학적으로 성찰해야 한다.

코로나19 팬데믹은 단지 바이러스의 생물학적 확산만이

아니라 특정한 개념과 언어가 사회에 어떻게 전파되고 작동하는지를 드러내는 사건이기도 했다. 말하자면, 바이러스가 퍼지기 전에 이미 '감염병을 어떻게 인식할 것인가'에 대한 사회적 의미체계와 감정적 반응의 코드가 언어를 통해 선제적으로 확산되었던 것이다. 예를 들어, '슈퍼전파자'라는 용어는 원래 감염병 확산에 있어 비정상적으로 높은 전염 위험을 지닌 개인을 지칭하는 기술적 개념으로 도입되었다. 그러나 실제 사회적 담론에서는 이 용어가 곧바로 공포, 비난, 낙인, 배제와 같은 감정적·규범적 함의를 지닌 채 유통되었다. 이는 해당 용어가 중립적인 역학적 분류로 기능한 것이 아니라, 대중의 인식과 정책 결정에 영향을 미치는 사회적 낙인의 매개로 작동했음을 시사한다.

이처럼 감염병과 관련된 언어는 생물학적 사실을 단순히 서술하는 것이 아니라 집단적 감정과 도덕적 판단을 매개하는 수단으로 기능한다. 즉, 감염병 상황에서 먼저 확산되는 것은 바이러스가 아니라 그것을 의미화하는 언어이며, 그 언어가 만들어 내는 사회적 효과이다. 이러한 담론의 선행성은 감염병 윤리에 대한 철학적 개입의 필요성을 강하게 시사한다. 이러한 개입은 감염병을 구성하는 언어적·개념적 구조

에 대한 비판적 성찰로부터 출발해야 한다. 이를 통해 우리
는 대중의 자율성과 공동체의 연대를 회복하기 위한 새로운
윤리적 대응의 기초를 마련할 수 있으며, 이는 감염병이라는
생물학적 현상을 넘어선 사회적 현상으로서의 감염병을 이
해하고 대응하는 데 있어 필수적인 통찰을 제공한다.

차례

2부 ― 개념공학과 감염병 윤리의 재설계

감염병 윤리의 철학적 재구성

이 글의 목표는 감염병 팬데믹 상황에서 철학이 단순한 해석자나 비판자에 머무르지 않고, 개념을 창조하고 사회적 실천의 방향을 설계하는 주체로서 개입할 수 있는 철학적 모형을 정립하는 것이다. 이를 위해 기존의 인식적 틀, 윤리적 판단, 정책적 담론에 암묵적으로 깔린 가정을 비판적으로 검토하며, 인간중심주의적 사고, 개인/사회 이분법, 인간/비인간의 구분, 무고성(無辜性, innocence) 등을 비판적으로 검토할 것이다. 이 글의 궁극적 지향점은 팬데믹이라는 전 지구적 재난이 드러낸 '연결된 몸', '하나의 건강', '감응의 윤리'라는 새로운 세 가지 철학적 프레임을 정초하는 데 있다.

그동안 우리는 우리 자신을 어떻게 이해해 왔던가? 개인주의와 민주주의라는 정치문화 속에서 우리는 스스로 존엄하고, 자유롭고, 합리적인 존재로 규정해 왔다. 존엄성, 자율성, 합리성은 근대 인간관의 핵심 이념을 이루며, 이러한 이념들은 두 가지 원칙, 즉 첫째, 사적 자치의 원칙으로 자유의지를 지닌 개인은 자기 삶을 스스로 결정할 권리를 지닌다, 둘째, 자기책임의 원칙으로 개인은 자신의 의도나 과실에 의한 결과에 대해서만 책임을 진다는 것으로 구체화되었다. 그러나 코로나19 팬데믹은 이 두 가지 원칙의 타당성을 근본적으로 흔드는 전환점이 되었다. 사회적 거리두기, 자가격리, 마스크 착용 의무와 같은 일련의 위생적 규율은 공중보건의 차원을 넘어서, 오랫동안 전제해 온 근대적 인간관을 전면적으로 재검토하게 만들었다. 팬데믹은 우리가 자기 몸의 주인인지, 인간종(種) 내부의 건강을 기준으로 삼아야 하는지, 오직 자율적 주체로서만 반응하고 판단해야 하는지 등의 물음을 실감나게 묻게 만들었다. 이제 이 물음들을 논의해 보자.

첫째, 우리 각자는 자기 몸의 주인인가? 지구상의 모든 생명체는 세포를 기본 단위로 하는 유기체이며, 그러는 한에서 외부 침입에 의한 세포의 파괴 가능성, 즉 감염의 수용성을 존재의 보편적인 본질로 갖는다. 코로나19는 우리가 오랫동안 망각해 온, 존재의 본질로서의 인간 존재의 생물학적 조건을, 즉 감염 수용성(susceptibility)과 전염 유발성(transmissibility)을 강제적으로 자각하게 만들었다. 이는 단순한 질병 전파의 문제가 아니라 인간이 타자와 환경 속에서 '감염의 숙주이자 매개자'로 존재한다는 생물적이고 사회적인 몸의 현실 구조를 드러낸 것이었다.

따라서 지역사회에 감염을 유발한 특정 개인을 목표물로 삼아(targetting) 비난과 책임을 귀속시키는 접근은 근대 인간관의 사적 자치와 자기책임의 원칙에 의해 사유되는 몸, 즉 '분리된 몸(separated body)'으로만 사태를 해석하는 매우 협소한 접근인 것이다. 코로나19 바이러스는 우리가 분리된 주체가 아니라 언제든지 (타인, 미생물, 환경을 포함하는) 타자와 연결된 매개적 존재임을 드러냈다. 근대 인간관의 두 원칙은 우리의 근본적인 실존방식을 간과한 것인데, 우리는 생물적·사회적 존재로서의 '연결된 몸(connected body)'으로 살고 있기 때문이다. 이 연결된 몸이 이 글에서 사유해야 할 중요한 주제이다.

둘째, 우리에게는 건강이 중요하다. 그런데 어떤 건강인가? 건강하면 당연히 인간의 건강일 것이고, 나와 너의 건강일 것이다. 하지만 코로나19 팬데믹은 과연 '인간만의 건강'을 사유하는 것이 정당한지에 대한 근본적인 회의를 하게 만들었다. 감염병은 단지 바이러스의 문제가 아니라 인간과 비인간, 생물과 환경의 연결된 존재조건을 비추어 주는 거울이다. 팬데믹은 인류에게 다음과 같은 도전적 질문을 던지고 있다. 왜 인수공통감염병이 '반복적으로' 출현했는가? 왜 일부 국가에서는 감염이 폭발적으로 확산되었나? 왜 특정 집단과 계층이 더욱 취약하게 감염되었나? 위와 같은 질문들은 단순한 역학적 설명이나 정책적 개선만으로 충분히 해명되지 않는다. 그것은 '건강과 질병의 본성'에 대한 철학적 사유를 다시 요구한다. 우리는 그동안 건강과 질병을 주로 인간 개체의 문제, 혹은 인간종 내부의 문제로 간주해 왔다. 근대 의학과 생물학은 건강을 인간의 신체적 온전성으로, 질병을 그 온전성을 훼손하는 것으로 개념화했다. 하지만 코로나19로 이와 같은 인간 중심적이고 폐쇄적인 건강 개념의 한계가 드러났다. 바이러스의 기원, 확산, 대응, 회복의 모든 과정은 다종적(multi-species) 연결성과 생태적 상호작용을 기반으로 이루어지기 때문이다.

따라서 우리는 이제 '건강이란 무엇인가?'라는 물음을, 그동안 당연시 해왔던 숨은 가정을 비판적으로 고찰하면서 물어야 한다. 그 물음의 범위를 인간 내부로 제한하는 것이 아니라 인간 – 동물 – 환경 간의 상호침투성과 의존성 전체로 확장해야 한다. 이때 중요한 철학적 자원이 되는 것이 바로 '하나의 세계, 하나의 건강(One World, One Health)'이라는 패러다임이다. 이는 단지 정책적 표어가 아니라 다음과 같은 존재론적, 인식론적, 윤리학적 전환을 요구한다.

① 존재론적으로 건강은 개체의 속성이 아니라, 다중 생명체 간의 관계망 속에서 실현되는 연결적인 실존 상태이다.

② 인식론적으로 질병은 단일 종의 관점에서 해명되는 것이 아니라, 미생물 차원, 인간 개체 차원, 생명체 차원, 생태계 차원의 다층적 이해 틀 속에서 해석되어야 한다.

③ 윤리학적으로 우리는 더는 '단지 인간의 건강만을 위해 환경을 지배하거나 관리하는' 사고방식에 머물러서는 안 되며, 인간을 포함한 생명 전체의 상호의존성을 고려하는 새로운 보건 윤리를 수립해야 한다.

코로나19는 이 같은 철학적 전환을 더는 유예할 수 없다는 것을 보여주었다. 이제 우리는 '연결된 몸'뿐 아니라 '하나의 건강'을 사유해야 한다. 하나의 건강은 단지 감염병에 대한 방어적 대처가 아니라 존재 조건 자체에 대한 새로운 윤리적 응답이어야 한다. 그리고 그것이 바로, 이 책이 제안하는 감염병 윤리의 철학적 재구성이다. 향후 팬데믹에 대비하려면, 유기체의 생물적·존재적 조건에 기반하여 인간 개념 자체를 재구성하는 작업을 수행해야 한다.

셋째, 우리는 무엇과 감응하고 있는가? 코로나19 팬데믹은 이 질문을 철학적으로 되살려 주었다. 팬데믹의 대응은 단지 감염 경로와 위생 정책만의 문제가 아니라 '있는 것들의 있음'을, 보다 학술적인 표현으로 '존재자들의 존재'를 어떻게 이해할 것인가, 그리고 윤리를 어떻게 새롭게 구성할 것인가라는 근본적인 물음을 제기했다. 우리는 팬데믹을 통해 각자 자신의 경계를 완전히 통제할 수 없는 존재라는 사실을 절감했다. 바이러스는 신체를 감염시킬 뿐만 아니라 우리의 감정, 윤리, 정치, 생활 세계를 뒤흔들었다. 우리는 외부 자극에 감촉되어 반응하고, 다시 영향을 미치는 '감응적 존재자(affective being)'임이 드러났다.

감응(感應)은 문자 그대로 '무엇인가에 감촉되어(感), 그에 따른 반응(應)이 생기는 것'을 뜻한다. 이는 스피노자의 철학에서 '정동(affect)' 개념의 중심 내용이다. 들뢰즈와 가타리에 따르면, 존재자란 감응할 수 있는 능력으로 정의된다. 그런데 이 철학적 통찰은 단지 인간에게만 적용되지 않는다. 팬데믹은 우리가 감응하고 있었던 수많은 비인간 존재자들 즉, 비이성적이며, 비유기적이며, 비주체적인 존재자들과 어떻게 물질적·사회적·감정적으로 얽혀 있었는지를 폭로해 주었다. 우리는 바이러스뿐만 아니라 마스크, 거리, 공기, QR코드, 표지판, 뉴스의 언어, 거리의 냄새와도 감응하고 있었다. 이들은 단지 도구가 아니라 우리의 감정과 행동을 유도하고, 정책과 규범을 매개하며, 심지어는 공공의 감정을 형성하는 비인간 감응자들이었다. 이처럼 팬데믹은 인간-비인간의 경계를 해체하며, 우리 모두 감응망(Affect-Network) 속의 존재자라는 사실을 드러냈다. 윤리는 이제 감응을 설계하고 조율하는 기술이 되어야 한다. '감응의 윤리'의 핵심적인 세 가지 전제는 다음과 같다.

첫째, 인간을 특권화하는 비대칭적 존재론이 아니라, 인간과 비인간을 동등한 감응 주체로 인정하는 '일반화된 대칭성,이다. 팬데믹은 바이러스, 공기, 표지판 같은 비인간 존재자들 역시 우리 삶을 구성하고 변화시키는 능동적 행위자임을 명백히 보여주었다. 둘째, 감염이나 전염과 같은 현상은 단순히 "A가 먼저 일어나고, 그다음에 B가 발생한다"는 선후적 인과관계로 설명될 수 없다. 팬데믹은 다발적이고 상호동시적인, 동시적 인과관계,를 이루며 발생한다는 것을 극적으로 드러냈다. 셋째, 감응이란 어떤 존재자 안에 고정된 '내적 속성'에서 비롯되는 것이 아니다. 팬데믹은 존재를 이해하는 틀이 상호연결성과 상호조정의 '관계적 존재론' 위에 새롭게 세워져야 함을 보여준다.

팬데믹 철학에서 감응의 윤리란, 감염을 두려움과 통제의 대상으로만 보지 않고, 감염이 일으키는 감응의 연결망 속에서 인간과 비인간의 공존을 새롭게 설계하려는 윤리적 사유이다. 감응의 윤리는 물리적 거리보다 감정적 거리의 조정, 법적 지침보다 공감의 조직, 기술적 추적보다 사적 감응을 넘어서 공공 감응의 설계를 중시하는 도전적인 패러다임이다.

지금까지 우리는 미래 팬데믹에 대응하기 위한 철학적 사유의 축으로서 '연결된 몸', '하나의 건강', '감응의 윤리'를 논의해 왔다. 이 세 가지 축은 단순한 윤리적 제언이 아니라 근대적 인간 이해를 근본적으로 다시 사유하게 만드는 존재론적 전환의 촉매제이다.

우선 '연결된 몸'은 우리를 완결된 또는 닫힌 개체로서의 인간이 아니라 항상 감염 가능하고 감염을 유발할 수 있는 유기적 매개체로 인식하게 만든다. 팬데믹은 우리에게 인간의 신체가 자율적 주체의 경계가 아니라, 타자와 환경과 끊임없이 열려 있는 감염적 접속점이라는 점을 드러냈다. 한편 '하나의 건강'은 건강과 질병이 단지 인간 개체 내부의 생물학적 사건이 아니라 동물–미생물–환경–사회로 연결된 다중 행위자들의 상호작용에서 발생하는 문제임을 보여준다. 팬데믹은 인간종만을 대상으로 한 건강 개념이 얼마나 협소하고 위험한지를 여실히 드러냈다. 마지막으로 '감응의 윤리'는 감염을 단지 생리적 과정이 아닌, 정서적·사회적·정치적 감응의 흐름으로 이해해야 함을 강조한다. 우리는 바이러스뿐만 아니라 언어, 거리, 기술, 법, 마스크, 냄새와도 감응하고 있었으며, 이러한 비인간 감응자들과의 관계 속에서 우리의 존재 방식 자체가 조정되고 구성되었다는 사실을 직시하게 되었다.

요약하자면, 이 세 가지 축은 결국 하나의 통찰로 수렴된다. 그것은 인간이란 무엇보다 감염 가능하고, 감염을 매개하며, 감염을 통해 변화하는 존재라는 사실이다. 우리는 인간을 오랫동안 호모 사피엔스(Homo Sapiens, 지혜로운 인간), 호모 파베르(Homo Faber, 도구적 인간), 호모 에코노미쿠스(Homo Economicus, 경제적 인간), 호모 그라마티쿠스(Homo Grammticus, 문법적 인간) 등으로 다양하게 규정해 왔다. 그런데 코로나19 팬데믹이라는 전 지구적 재난은 이러한 규정들의 기저에 놓여 있는, 여타의 인간규정들이 가능하기 위해서 암묵적으로 가정되는 전제를 드러내 주었다. 나는 이러한 전환을 명확히 하기 위해, 인간을 호모 인펙티부스(Homo infectivus), 곧 감염적 존재로서의 인간으로 새롭게 규정하고자 한다.

호모 인펙티부스는 감염 수용성과 전염 유발성을 동시에 지닌 존재이다. 따라서 인간은 더는 질병의 수동적 희생자(victim)에 머무르지 않고 질병의 적극적 매개자(vector)가 되었다. 이러한 이중적 지위 속에서 개인은 감응하고 재조정되는 공동(共同) 감염 존재자(co-infective being)로 자리매김된다. 인간은 항상 다른 존재들과의 감응을 통해 구성

서론   27

되며, 미생물과 비인간 존재자, 환경, 기술, 제도와의 상호작용 속에서, 배틴의 용어로 "질병의 그물망에 뿌리내린 존재 (embedded in a web of disease)"[3]로 살아간다. 이 개념은 감염병을 단지 생리학적 문제로 국한하는 기존의 보건윤리학을 넘어 존재론적 전회(ontological turn)로 이끄는 철학적 기여를 제공한다. 호모 인펙티부스란, 존재론적으로는 '연결된 몸'을 지니고 있으며, 생태적으로는 '하나의 건강' 속에서 살아가며, 윤리적으로는 '감응의 윤리' 안에서 책임과 조율을 수행하는 인간 존재자의 새로운 형상이다.

호모 인펙티부스라는 존재 규정은 단지 인간의 생물학적 특성을 새롭게 명명하는 데 그치지 않는다. 그것은 인간을 감염의 수동적 피해자도, 전염의 의도적 가해자도 아닌, 감염의 구조 속에서 감응하며 살아가는 존재자, 곧 공동 감염 존재자로 정의하는 전환의 언어이다. 이 언어는 동시에 우리로 하여금, 대중의 윤리적 지위를 근본적으로 재고하게 만든다.

전통적으로 감염병 대응 체계 속에서 대중은 종종 지시

3. Battin, M. et al., *The Patient As Victim And Vector: Ethics and Infectious Disease*, Oxford University Press, 2008.

를 따르는 객체, 방역의 대상, 통제의 문제로 간주되어 왔다. 그러나 호모 인펙티부스로서의 인간은 항상 타자와 연결되어 있고, 감응하는 존재자이므로, 그 존재론적 조건은 대중을 능동적 윤리 주체로 재구성할 것을 요청한다. 감염병 대응은 단순히 통제와 처벌로 완결될 수 없으며, 자발적 참여와 감응의 윤리 위에서만 진정한 효과를 발휘할 수 있다. 감염병에 대한 대응은 이제 어떻게 규범적으로 강요할 것이냐의 문제가 아니라, 사람들이 자신을 감염 존재자로 인식하게 하고, 그 인식 속에서 자율성과 공공성을 조화시키도록 도와주는 인식의 구조를 설계해야 한다. 이를 위한 구체적 방안으로서 본 논문은 '도리로서의 감염확산 방지 의무'를 헌법상의 국민의 기본의무로 구성할 것이다. 그리고 도리를 도출하는 근거로서 무고성 상실(the loss of innocence) 개념을 제시할 것이다.

팬데믹 상황에서 철학의 개입은 단지 위기 이후의 반성이나 가치 판단의 선언에 머물러서는 안 된다. 철학은 추상적 명제의 언어가 아니라 현실을 바꾸는 설계의 언어, 다시 말해 삶의 구조와 감응의 조건을 바꾸는 기술적-윤리적 실천이어야 한다. 철학은 감염병 시대의 핵심과제인 개인의 자율성과 공동체의 책임을 조화시키기 위한 구조적 개입의 도구들을 제공할 수 있다. 이러한 철학적 실천의 구성 요소들은 상호 연관된 네 가지 전략으로 통합될 수 있다.

첫째, 넛지(nudge)는 인간의 행동을 유도하되 자유를 침해하지 않는 방식으로 환경을 재구성하는 설계 전략이다. 이는 단순한 행정 기술이 아니라 감염을 통제 대상이 아닌 감응의 상호작용으로 보는 윤리적 감수성에서 출발한다.

둘째, 프레임(frames)은 문제를 어떻게 해석하고 이해할 것인가를 결정짓는 인식적 구조물이다. '슈퍼전파자'와 같은 낙인 프레임이 아니라 '감염 연결점'처럼 구조적 책임을 강조하는 언어가 필요하다. 이 프레이밍은 넛지 전략의 방향성과 수용성을 결정짓는 전제가 된다.

셋째, 공감 기반 메시징은 정보의 전달을 넘어서 감정의 울림을 통해 정서적 연대와 집단적 의미를 구성하는 전략이다. "나는 감염의 흐름 속에서 영향을 주고받는 존재다. 마스크 착용은 타자와의 감응을 의식적으로 조율하는 행위이며, 그것을 통해 공동의 생명 조건을 함께 설계해 가는 행위"라는 메시지는 규범의 강요가 아니라 공동 감응의 윤리를 부드럽게 확산시키는 방식이다.

넷째, 참여형 커뮤니케이션은 대중을 방역의 객체가 아닌 윤리적 주체로 호명하고, 정책의 설계에 참여하도록 하는 수평적 소통 방식이다. 이는 감염병 대응의 정치성과 감응 구조를 투명하게 열어두는 방식이며, 감정 기반 메시지와 프레이밍의 윤리적 정당성을 확보하는 기반이 된다.

이 네 전략은 각각 독립적인 기능을 가지면서도 서로 긴밀하게 중첩되고 보완하는 구조를 형성한다. 프레이밍은 넛지의 인식 기반이 되고, 넛지는 공감 메시지의 수용 태도를 조정하며, 공감은 참여를 자극하고, 참여는 다시 프레임을 재구성하는 피드백 루프를 만들어 낸다.

결국, 팬데믹 윤리에 있어 철학의 개입은 수직적 명령이 아니라 수평적 설계, 통제가 아니라 조율, 처벌이 아니라 감응의 호소로서 기능한다. 그것은 규범을 주입하는 것이 아니라 세계를 새롭게 느끼고 행동할 수 있게 만드는 감응의 조건을 재설계하는 일, 곧 공동 감응의 윤리를 실현하는 일이다.

요컨대 철학은 여기서 정책과 대중, 감염과 사회, 책임과 공감 사이를 매개하는 윤리적 언어의 설계자로 작동할 수 있다. 철학은 '생각을 개선하는 자'로서 감염병 시대의 행위

주체들이 서로를 윤리적으로 인식하고, 책임을 조율하고, 공공 감응의 구조를 창출할 수 있도록 지원하는 공공적 사유의 장치가 되어야 한다. 그것이 바로 호모 인펙티부스를 위한 감응 윤리의 공공화이며, 철학이 팬데믹 이후 시대에 수행해야 할 새로운 실천적 존재 방식이다.

이 글은 팬데믹 상황에서 반복적으로 작동한 사회적 낙인, 비난, 차별의 언어가 어떠한 개념적 프레임에 근거하고 있었는지를 철학적으로 규명한다. '사회적 거리두기', '슈퍼전파자', '자가격리', '무증상 감염자'와 같은 용어는 단순한 과학적 분류를 넘어 특정한 사회적 메시지를 내포한다. 이러한 언어는 이 글은 이 용어들이 암묵적으로 전제하는 두 가지 인식을 비판적으로 분석한다. 첫째, 인간을 타자와 분리된 독립적 실체로 간주하는 '분리된 몸'이라는 가정과 둘째, 감염의 책임을 오롯이 개인에게 귀속시키는 '책임 귀속의 대상으로서의 개인'이라는 전통적인 인식이다. 이러한 프레임은 팬데믹에서의 감염을 '개인의 잘못'으로 환원시키는 관행적인 해석을 전제하고 있다.

이에 대해서 이 글은 개념공학의 방법론을 적용하여 기존 개념을 대체할 새로운 언어를 제안한다. 예컨대 '감염연결점', '격리 중 돌봄', '무자각 감염'과 같은 개념은 감염을 개인의 도덕적 잘못이 아닌 관계적 맥락 속의 상호작용으로 재인식하도록 유도한다. 이는 단지 개념의 수정이 아니라 언어를 통한 사회적 실천의 재구성이자 감염병 윤리의 실질적 설계로 이어지는 시도이다.

오늘날 우리가 사용하는 '사회', '개인', '권리', '자유' 등의 개념은 자생적이지 않고, 일본 에도 시대와 메이지 유신기에 난학자들이 서구 개념을 번역하며 창조한 인공적 산물이다. 이 번역 행위는 단순한 언어 치환이 아니라, 낯선 사유를 이해 가능한 인식체계로 가공하는 창조적 작업이었으며, 난학자들은 개념 설계·평가·정착이라는 점에서 개념공학자였던 것이다.(이 점은 본문에서 구체적으로 논의된다.) 야나부 아키라는 '사회'나 '개인'과 같은 개념들이 동아시아에 실재하지 않았던 현상을 계보학적 작업으로 그 의미를 밝힌다. 그가 말하는 '카세트 효과'는 외형적 매력이나 근대적 분위기 덕분에 의미가 불분명한 개념이 쉽게 수용되는 현상을 설명한다. 이러한 과정에서 화자는 개념적 책임을 번역어에 전가하며, 개념은 반복되는 사용 속에서 정당성 없이도 고착된다. 따라서 철학은 개념의 역사성과 우연성을 드러내고, 사회적·윤리적으로 정당한 개념을 재설계하는 작업에 나서야 한다. 이는 곧 개념공학이 단지 개념을 분석하는 데 그치지 않고, 사회를 구성하고 실천을 유도하는 도구로 기능함을 뜻한다.

또한 필자는 철학자 자신의 역할에 대한 근본적인 전환을 제안한다. 전통적으로 철학은 현실을 해석하는 학문으로 이해되어 왔으며, 철학자는 사건이 모두 끝난 뒤에야 날아오르는 '미네르바의 부엉이'에 비유되곤 했다. 헤겔의 이 유명한 은유는 철학이 사후적 반성의 지위를 갖는다는 점을 강조하며, 철학자의 역할을 해석자 혹은 정리자로 규정해왔다. 하지만 팬데믹과 같은 위기 상황에서는 이 비유가 더는 유효하지 않다. 감염병 재난은 지금 – 여기의 삶을 직접 위협하며, 즉각적인 판단과 공동의 대응을 요구한다. 그 속에서 철학자는 단지 과거를 이해하는 자가 아니라 현재의 당면한 위기를 극복하기 위한 사회적 실천을 설계하는 자가 되어야 한다. 철학자는 개념을 분석하고 비판하는 데 그치지 않고, 새로운 사회적 메시지를 창조하고 구체적인 대응의 방향을 제안할 수 있어야 한다. 다시 말해, 철학은 미네르바의 부엉이가 날기 전에 말해야 하는 언어이며, 철학자는 사후적 반성자가 아니라 사전적 설계자로 기능해야 하는 것이다.

정리하자면, 이 책에서 필자는 철학이 감염병 재난 대응에 신속히 개입하여 실질적인 역할을 할 수 있음을 보여주고자 하며, 기존의 '분과학문으로서의 철학'을 넘어서는 '사회참여적 철학'의 모형을 실험적으로 정립하고자 한다. 팬데믹은 철학자에게 단순한 사후적 반성이나 개념적 비판을 넘어서, 새로운 사회질서를 구상하는 실천적 상상력을 요구한다. 철학은 그 요구에 부응함으로써, 위기 속에서 사회의 사유 방식을 재구성하고, 인간 존재와 공동체 구성의 원리를 다시 설계하는 데 기여해야 한다.

1부

펜데믹 위기와
철학의 소명

1장

팬데믹은 사회, 정치, 규범 영역에
어떤 영향을 끼쳤나

2019년 12월 31일, 중국은 국제보건규칙(IHR, International Health Regulations)에 따라 세계보건기구(WHO)에 후베이성 우한시에서 원인 불명의 폐렴 환자 발생이 급증하고 있다는 첫 공식 보고를 제출하였다. 이후 불과 수 주 만에 감염은 국경을 넘어 확산했고, WHO는 2020년 1월 30일 코로나19에 대해 국제적 공중보건 비상사태(PHEIC)를 선포한 데이어, 두 달도 채 지나지 않은 3월 11일 전 세계적 범유행(Pandemic)을 공식 선언하였다.

이러한 전개 속도는 역사상 전례가 없는 것이었다. 14세기 중엽 유럽을 휩쓴 흑사병(Pest)은 유라시아 대륙 전역으로 확산되는 데 7년이 걸렸지만, 코로나19는 불과 몇 달 만에 전 세계를 강타하였다. 이는 단순한 병원체의 전파 속도 차이만으로 설명되지 않는다. 항공교통, 글로벌 공급망, 국제교류로 구성된 초연결 세계 시스템은 감염병의 확산을 지리적 경계로부터 해방시켰으며, 인간이 구축한 문명의 구조 자체가 감염병 확산의 매개가 되었음을 보여준다. 그렇다면 코로나 19 팬데믹은 사회, 정치, 규범의 영역에서 어떠한 영향을 미쳤는가?

1. 사회 영역: 감염의 사회학, 불평등한 재난

코로나19 팬데믹은 인간 사회의 구조적인 불평등과 생활방식에서의 취약성을 적나라하게 드러낸 사건이었다. 동일한 바이러스라 하더라도 감염 및 피해의 양상은 계층, 직업, 지역, 젠더, 이주 여부에 따라 현격히 달랐다. 생활방식에서 재택근무가 가능한 중산층과 달리, 대면 접촉을 해야만 하는 비정규직·일용직 노동자, 요양보호사, 이주노동자, 노숙인 등은 근본적으로 감염에 더 많이 노출되는 구조적 조건 아래 놓였다. 이는 팬데믹이 단순한 생물학적 현상이 아니라 사회적 위치에 따라 다르게 작용하는 '불평등한 재난'임을 보여준다.

더불어 '사회적 거리두기', '다중이용시설 폐쇄' 등의 정책은 교육, 종교, 문화, 여가 등 기존의 사회적 상호작용 구조에 중대한 영향을 미쳤다. 대면을 중심으로 구성되어 왔던 인간관계와 일상적 소통 양식은 급격히 변화되었고, 그 자리를 비대면 접촉이라는 새로운 만남의 형식이 대체하였다. 팬데믹 초기, 이와 같은 변화는 많은 사람에게 낯설고 혼란스러움을 야기했다. 그러나 시간이 흐름에 따라 비대면 소통은 점차 생활에 내재화되었으며, 새로운 사회적 친밀성과 감정의 형성 방식을 창출하기도 했다. 이는 감염병이 단지 신체적 건강만을 위협하는 생물학적 사건이 아니라, 삶의 형식에 변화를 요구하는 사회철학적 사건이라는 사실을 분명히 보여준다. 다시 말해, 팬데믹은 사회적 존재로서의 인간이 어떻게 관계를 맺고, 감응하고, 연대하는가에 대한 조건을 재조정하였다.

2. 정치 영역: 통치의 형식과 민주주의의 경계

팬데믹은 정치 권력의 통치 방식과 그 정당성에 대해 근본적인 질문을 제기하였다. 각국 정부는 긴급재난 권력(emergency power)이라는 이름 아래 봉쇄 조치, 이동 제한, QR코드 추적, 백신 패스 도입 등 강력한 통제 조치를 신속히 시행하였다. 이러한 조치는 감염병 확산을 억제하기 위한 불가피한 수단으로 정당화되었지만, 동시에 시민의 자유권(자유로운 이동과 행동의 자유), 집회권, 프라이버시권 등 기본권의 제한을 초래하였다. 팬데믹은 '누가, 무엇을 근거로, 어디까지' 국민을 통제할 수 있는가라는 물음을 다시금 민주주의의 중심 쟁점으로 소환하였다.

특히 이 과정에서 자영업자와 소상공인들은 생존권을 실질적으로 위협받았다. 갑작스러운 다중이용시설 폐쇄 명령이나 영업시간 제한 조치는, 방역정책이라는 이름으로 시행되었지만, 그들이 겪은 경제적 타격은 단순한 개인 손실이 아니라 사회적 생존권과 경제적 자기결정권의 침해로 연결되었다. 문제는 이러한 방역정책이 '국가 전체의 이익'을 명분으로 실행되면서도, 그 결정 과정에서 당사자의 목소리가 철저히 배제되었다는 데 있다. 자영업자들은 감염병이라는 공적 위기 앞에서 국가와 사회의 안정에 기여하는 '윤리적 행위자'로 요구받았지만, 동시에 그들의 이해는 정치적으로 제대로 대표되지 않았다.

이는 단지 보상이나 지원의 문제를 넘어, 민주주의의 재구성이라는 철학적·정치적 질문을 야기한다. 즉, 팬데믹은 단지 통치의 방식만이 아니라, '정치적 대표성의 구조'를 시험하는 사건이었다. 재난 상황에서 가장 직접적인 영향을 받는 집단들이 의사결정 과정에서 발언권을 갖지 못할 때, 민주주의는 과연 어떤 방식으로 보완되어야 하는가?

더욱이 '과학 기반 정책 결정'이라는 명분 아래, 방역 전문가 집단과 행정부 간의 불투명한 연계 구조는 전문가주의의 위계성과 민주적 숙의의 부족이라는 긴장을 심화시켰다. 이로 인해 일부 시민은 방역 조치에 대한 불신과 반발을 보였고, 나아가 정치적 극단화의 원인으로까지 작용했다. 이는 감염병 대응을 단지 행정적 효율성의 문제가 아니라 공공 신뢰의 윤리적 기반과 정치적 정당성의 구조라는 차원에서 재검토해야 하는 이유다.

요컨대 코로나19 팬데믹은 위기 상황 속에서 권위주의

적 통치 모델과 민주적 참여 모델이 어떻게 충돌하고 조정되는지를 여실히 드러낸 사건이었다. 향후 유사한 감염병 상황에 대비하기 위해서 우리는 방역정책의 형평성과 투명성뿐 아니라, 정치적 대표성과 참여의 윤리적 구조를 새롭게 설계할 필요가 있다. 철학은 여기서, 단지 '통치의 정당성'을 비판하는 수준을 넘어, '재난 상황에서의 민주주의란 무엇인가'를 공동으로 사유하는 인식의 틀을 제공할 수 있어야 한다.

3. 규범 영역: 규범 질서의 혼란과 공중보건의 의무

코로나19 팬데믹은 사회적·정치적·경제적 위기일 뿐 아니라 근본적으로 규범 질서의 위기이기도 했다. 위기 상황에서 기존의 윤리 기준과 법적 규범이 충돌하거나 무력화되며, 우리가 공유해온 도덕적·법적·사회적 기준 자체가 혼란에 빠졌기 때문이다. 이는 단지 특정한 규칙의 미비만을 뜻하는 것이 아니었다. 규범적 판단을 가능케 하던 가치체계와 책임의 원리 자체가 흔들리는 상황이었다.

예컨대 중환자 병상이나 인공호흡기의 우선 배정, 백신 접종 순서 결정, 감염자 동선 공개 범위와 같은 사안은 모두 생명, 자유, 사생활, 공공 안전이라는 핵심 가치를 둘러싼 규범적 충돌과 우선순위의 딜레마를 초래한다. 이때 우리는 어떤 가치가 더 중요하며, 누구의 권리를 더 우선시해야 하며, 누가 책임을 지고 판단을 내려야 하는지를 분명히 알 수 없었다. 윤리적 기준의 공백이 발생하는 것이다.

한편 팬데믹은 기존의 헌법 질서에도 새로운 물음을 제기한다. 지금까지 우리 사회는 국민의 기본적 의무를 근로, 교육, 국방, 납세로 한정해 왔다. 그러나 감염병 대응이라는 공적 과제 앞에서 시민은 단순한 권리의 주체가 아니라 공동체의 건강을 지키는 윤리적 행위자의 임무를 수행할 것이 요구되었다. 이는 공중보건에 대한 참여와 책임이 단순한 권고 수준이 아닌 헌법적 차원의 기본 의무로 재구성되어야 함을 시사한다.

이에 따라 필자는 다음과 같은 개념공학적 제안을 하고자 한다. 그것은 바로 '공동체 건강 유지의 의무'를 국민의 헌법상 기본 의무로 명문화하는 것이다. 이는 단지 개인의 건강을 지키는 차원을 넘어, 첫째, 감염병 예방의 실천, 둘째,

감염자에 대한 낙인의 방지, 셋째, 공공 감응 윤리에의 참여 등 공적 윤리의 실천을 가능케 하는 행위규범의 정당화 근거로 기능할 수 있다. 이때 규범은 처벌과 규율의 언어를 넘어서 공존을 위한 감응적 조율의 체계로 재설계되어야 하며, 윤리는 강제가 아닌 공동 책임을 조직하는 설계의 기술이 되어야 한다.

무엇보다 주목해야 할 것은, 팬데믹 상황에서 규범 질서 자체가 혼란을 겪은 순간들이 존재했다는 점이다. 중환자 병상 배정에서 누구를 구할 것인지(triage), 확진자 동선 공개에서 투명성과 사생활의 경계를 어떻게 설정할지, 백신 이상반응과 국가의 책임 범위를 어디까지 할지 등에 관한 규칙이 정립되지 않은 상황에서 규범을 다시 만들어야 하는 상황에 직면했다. 이처럼 팬데믹은 단지 규범을 적용해야 하는 상황이 아니라 규범을 '설계해야 하는' 철학적 요청이자 실천적 과제였다.

요컨대 코로나19 팬데믹은 인류 역사상 최초로 '실시간의 세계적 감염병 위기'가 규범 질서의 작동 방식과 한계를 전 지구적으로 드러낸 사건이었다. 그것은 '누가, 무엇을, 어떤 기준에 따라 결정할 수 있는가'를 재구성하게 하였으며,

'정의로운 위기 대응(just crisis governance)'이라는 새로운 규범적 요청을 낳았다. 이 지점에서 철학은 단순한 해석자나 사후적 반성자가 아니라 규범 질서의 혼란을 진단하고, 개념을 재설계하며, 미래의 팬데믹 대응 질서를 윤리적으로 재구성하는 실천적 개입자가 되어야 한다.

2장

위기 상황에서 철학은 무엇을 해야 하는가?

우리는 이른바 '미지의 질병 X(Disease X)'에 대비하기 위해 과학적, 정책적, 법적 준비는 물론이고 철학적 준비도 갖추어야 한다. 과학적 준비는 병원체의 조기 탐지 및 대응 기술의 고도화를 포함하고, 정책적 준비는 공중보건 시스템의 자원 배분과 위기 대응 체계의 개선을 포함하며, 법적 준비는 감염병 관련 법령과 권한 구조의 정비를 포함한다. 그렇다면 철학은 무엇을 준비해야 하는가? 이것이 이글의 과제이다. 핵심을 말하자면, 철학은 위기 상황에서 사회가 공유해야 할 윤리적 기준과 공공적 가치뿐만 아니라 위기 담론을 형성하는 언어를 비판적으로 성찰하고 재구성하는 작업을 해야 한다. 이는 단순한 개념 분석에 머물지 않고, 위기 속에서도 사회적 연대와 민주적 공공성을 유지하기 위한 인식론적 · 윤리적 토대를 마련하는 것을 의미한다.

코로나19 팬데믹을 겪으며, 필자는 철학자로서 스스로에게 다음과 같은 질문을 던졌다. '의료인은 환자를 치료하고, 법조인은 법적 판단을 내리며, 보건학자는 감염병 확산을 예측하고, 정책가는 국가의 대응 전략을 수립한다. 그렇다면 철학자는 자신의 전문성을 살려서 무엇을 할 수 있는가?' 건축가가 '건물'을 만들고, 예술가가 '작품'을 만들어 낸다고 한다면, 철학자는 '생각'을 만들어 내는 사람이다. 그런데 생각을 만드는 일을 하지 않는 사람이 있을까? 따라서 보다 더 정확하고 구체적으로 말해야 할 것이다. 철학자는 생각을 하는 데 필요한 연장 즉 '생각의 연장' 자체를 개선하는 사람이라고 해야 한다. 좋은 생각을 하는 데 필요한 용어, 문장, 물음, 프레임, 이미지, 인식체계, 가치체계 등 '생각의 연장'을 개선하는 작업을 하는 사람이다.[4] 그리고 이런저런 생각의 연장들을 대표해서 '개념'이라는 말을 사용한다면, 철학자는 개념을 제작하고, 수정하고, 필요하다면 폐기하는 일을 하는 사람이다. 예를 들어, 팬데믹 상황에서 사용된 개념들이 어떤 현실적 효과를 갖는지를 분석하고, 그 개념들을 윤리적·사회적 측면에서 더 정당한 방식으로 개선하기 위한 일종의 사고실험(thought experiment)을 수행하는 사람이다.

그렇다면, 철학이란 대학 철학과에서 가르치는 학문에 한정되지 않는다. 월급 받는 직업 철학자만이 할 수 있는 일도 아니다. 합리적인 사고를 하는 사람이면 누구나 '철학함(philosophizing or doing philosophy)'을 할 수 있는 것이다. 동

---

4. 동사로서의 '철학함'이란 사유 외부의 대상이 아닌 사유의 연장 자체를 비판하고 개선하는 활동을 뜻한다. 이와 같은 생각을 니체(Nietzsche), 차머스(Chalmers), 블랙번(Blackburn), 버지스(Burgess), 카펠른(Cappelen), 플런킷(Plunkett), 들뢰즈(Deleuze), 가타리(Guattari), 플로리디(Floridi) 등에서도 찾아 볼 수 있다. 차머스는 다음과 같이 말한다. "개념공학은 개념을 설계, 구현 및 평가하는 프로세스이다."(David Chalmers, "What is conceptual engineering and what should it be?", *Inquiry*, 2020) 아래 책의 편집자인 버지스(Alexis Burgess) 등에 따르면, 명칭을 '개념공학(conceptual engineering)'보다는 '표상장치공학(representational devices engineering)'이라고 해야 더 적절하지만, 이 표현은 '개념공학'이라는 표현과 비교해서 번거롭기 때문에 '개념공학'을 채택한 것이라고 말한다. 케펠른(Herman Cappelen)의 주장에 따르자면, 개념공학이란 (i) 표상장치를 평가하고, (ii) 표상장치를 개선하는 방법을 반성, 제안하고, (iii) 제안된 개선책을 실행해 보는 활동으로 이루어진 분야이다. Alexis Burgess, Herman Cappelen, and David Plunkett, *Conceptual Engineering and Conceptual Ethics*, Oxford University Press, 2020. 블랙번은 "공학이 물질의 구조를 연구하는 것과 마찬가지로 철학은 사고의 구조를 연구한다"고 하면서 철학의 활동으로 개념공학이란 용어를 제안하고 있다. 사이먼 블랙번, 고현범 옮김, 『생각』, 이소출판사, 2002. 개념공학 관련 저술로는 다음을 참조. Herman Cappelen, *Fixing Language*, Oxford University Press, 2018; Sally Haslanger, *Resisting Reality*, Oxford University Press, 2012; Kate Manne, *Down Girl*, Oxford University Press, 2017; 들뢰즈·가타리, 이정임·윤정임 옮김, 『철학이란 무엇인가』, 현대미학사, 1999. 그런데 필자는 개념공학 또는 개념윤리에서 '개념'이나 '표상장치들'보다 더 중요한 것이 (이원론과 같은) 인식이나 가치의 틀로서 이른바 '프레임(frame)'이라고 본다. '개념설계(conceptual design)'라는 용어는 '개념공학'이라는 용어를 비판하면서 플로리디가 제안한 용어이다. Luciano Floridi, *The Logic of Information*, Oxford University Press, 2019.

사로서의 '철학함'이란 우리 모두 일상적으로 할 수 있는 일이며, 일부 전문가의 전유물도 아니다. '철학함'이란 누구나 수행할 수 있는 공적 실천이자 시민으로서 해야 할 도덕적 덕목이다.[5]

특히 팬데믹과 같은 급박한 사회적 위기 상황에서는, 그 사회가 당연시해 온 언어, 가치, 제도의 의미와 타당성을 캐묻고, 필요하다면 새로운 인식체계와 가치체계를 구성하는 것은 '우리 모두'의 의무라고 해야 한다. 위기를 통해 드러나는 사실은 바이러스의 특성뿐만 아니라, 우리가 감염을 어떻게 의미화하고 대응하느냐에 따라서 전혀 다른 사회적 결과가 발생한다는 점이다. 이처럼 철학은 위기의 순간마다 언어, 가치, 제도의 의미를 비판적으로 숙고할 뿐만 아니라, 윤리와 공동체를 새롭게 바라보고 재구성할 수 있기 위한 개념적 인프라를 구축해야 한다. 이렇게 하는 것이야말로 재난 시대에 '철학함'이 기여할 수 있는 독자적인 방식이다. 철학은 재난 극복에 기여할 수 있는 실천적 지식이고, 철학자는 실천가이다.

5. Michael Sandel, *Public Philosophy: Essays on Morality in Politics*, Harvard Universit Press, 2006. 샌델은 이 책에서 철학이 도덕적 담론을 공적인 문제 해결을 위한 도구로 활용해야 한다고 역설한다.

내가 깊이 공감하는 철학의 정의 가운데 하나는 들뢰즈와 가타리(Gilles Deleuze & Félix Guattari)가 제시한 것으로 이들은 저서『철학이란 무엇인가?』에서 다음과 같이 말한다.[6]

"철학은 개념을 창조하는 활동(creating)을 핵심으로 하는 학문이다… 철학자는 개념들에 정통한 자이면서, 개념의 부재에도 정통한 자이다. 그는 어떤 개념이 현실성이 없거나, 임의적이거나, 모순적인지를 알고 있으며, 한 순간조차 유지될 수 없는 개념을 가려낼 줄 안다. 동시에, 아무리 혼란스럽고 위험하더라도, 어떤 개념이 '잘 만들어진 것'이며 마땅히 창조될 만한 것인지를 식별할 수 있다… 철학자는 개념의 친구이다. 즉, 그는 개념의 잠재성이다…" (p. 3-5)

이 정의에 따르면, 철학자는 이미 존재하는 개념들을 다루는 자이자, 새로운 개념을 창조할 책임을 지닌 자이다. 바로 이 점에서, 철학은 위기의 사후적 해석에 그치지 않고, 위기를 맞이하기 전에 사회적인 사고의 구조를 재설계할 수 있는 가능성을 품고 있다.

6. 들뢰즈와 가타리, 이정임·윤정임 옮김,『철학이란 무엇인가』, 현대미학사, 1995, 3-5쪽.

실제로 코로나19 팬데믹과 같은 위기 상황에서 우리가 직면한 핵심 문제 중 하나는 우리가 무엇을 중요하게 여겨야 하는가에 대한 인식과 태도였다. 철학은 전통적으로 '본질'을 통찰하는 학문이라 말하지만, 위기 상황에서 철학자가 수행해야 할 임무는 보다 구체적이고 실천적이다. 철학자는 '무엇이 본질적인 것인지'를 사유하고, 그것을 사회적으로 설득할 수 있는 개념 언어로 제시할 수 있어야 한다.

예를 들어, 코로나19 상황에서 우리는 '공공의 안전'과 '개인의 자유'라는 두 가치가 충돌하는 상황에 직면했다. 이때 철학은 단순히 가치들 사이에서 균형을 주장하는 것이 아니라, '안전'이란 무엇인가, '자유'는 어떤 조건에서 정당화되는가라는 물음을 통해 가치 개념 자체를 재구성할 수 있어야 한다. 나아가 철학은 가치의 우선순위를 구성하는 근거를 탐구하는 학문이기도 하다. 백신 분배를 예로 들자면, 연령, 중증도, 직업군 등 다양한 기준이 제시되는 가운데, 철학자는 어떤 기준이 정당한가, 그리고 왜 그것이 정당한가를 밝히는 역할을 수행해야 한다. 요컨대 위기 상황에서 철학자는 전통적인 통찰과 비판적 사고의 방법론을 활용하여, 무엇이 진정 중요한가, 어떤 가치가 우선되어야 하는가, 우리는 어떤 개념으로 이 사태를 이해할 것인가를 함께 성찰하고 제안할 수 있어야 한다.

그러나 코로나19 팬데믹이라는 중대한 위기 속에서 철학이 실질적으로 수행한 역할은 충분했다고 보기 어렵다. 한국의 경우, 철학자들 스스로가 '사회적 메시지를 설계하는 자'라는 자기 정체성을 적극적으로 수행하지 못한 측면이 있다. 반면에 학문적 풍토가 다른 미국의 경우는 팬데믹이 현실화되기 이전에 위기 대응을 위한 규범적인 가치 질서를 논의하는 공중보건 윤리학자들의 글이 전문 학술지에 실리면서 규범의 위기에 신속히 대응하는 면을 보였다.[7] 중요한 것은 다가올 팬데믹과 감염병 재난에 보다 철저히 대비하기 위해서 철학과 철학자의 개입이 훨씬 더 실천적이고 사회적으로 확장되어야 한다는 것이다.

7. Ezekiel J. Emanuel et al., "Fair Allocation of Scarce Medical Resources in the Time of Covid-19", *NEJM*, March 23, 2020; Robert D. Truog et al., "The Toughest Triage — Allocating Ventilators in a Pandemic", *NEJM*, May 21, 2020.

3장

철학함의 복원:
누구나 개념을 만들 수 있어야 한다

'생각한다'는 것은 무엇인가? 어떤 것을 기억한다는 것인가? 지식을 활용한다는 것인가? 아니면, 정보를 처리한다는 것인가? 팬데믹이라는 위기의 맥락에서 필자는 '생각한다'는 행위를 '다름과 가능성을 따지는 것'으로 이해하고자 한다. 즉, 생각한다는 것은 이리저리 따져보며 궁리(窮理)하는 것, 곧 현실을 넘어서 가능성을 사유하는 활동이다. 그렇기 때문에 '생각'은 단순한 정보의 저장이나 재생이 아니라 사고실험을 수행하는 능력이다. 우리는 머릿속에서 가상의 조건을 설정하고, 그 안에서 개념을 수정하고, 가공하며, 새롭게 창조한다. 철학적 사유는 바로 이처럼 가능성의 공간에서 개념을 다루는 창조적 작업이다.

그렇다면 이 개념을 다루는 존재는 누구인가? 컴퓨터인가? 인공지능인가? 아니다. 그것은 바로 당신과 나, 우리들 사람이다. 이 지점에서 "개념들은 그것들을 창조한 자들의 서명 없이는 아무것도 아닌 그런 것들"[8]이라고 말한 들뢰즈와 가타리의 통찰이 더욱 생생하게 다가온다.

개념은 인간이 만든 것이다. 그리고 인간이 만든 것이기에, 우리는 필요할 때 그것을 수정하거나 폐기할 수 있으며, 다시 창조할 수 있다. 이 지속적인 개념의 생성과 개편의 과정이 바로 우리가 말하는 철학함(philosophizing)이다. 그런데 이러한 철학함은 플라톤, 칸트, 이황 같은 지식인들이 남긴 명사로서의 철학(philosophy), 즉 완성된 이론 체계와는 다르다. 그것은 살아 있는 사유의 동사, 곧 삶 속에서 끊임없이 개념을 재구성하고 판단을 개선하는 실천적 활동이다.

물론 '철학함'을 강조한다고 해서 지식체계로서의 철학을 폄훼하거나 무시하려는 것은 아니다. 그러나 '철학함'이 지니는 더 중요한 의의는, 그것이 전문가와 일반인을 나누지

8. Deleuze, G. & Guattari, F. / Tomlinson, H. & Burchell, G. trans., *What is Philosophy*, Columbia University Press, 1991, p. 5.

않는다는 데 있다. '철학'함은 특정 직업군의 전유물이 아니라 누구나 살아가면서 수행할 수 있는 보편적이고 일상적인 실천이다. 우리는 모두 삶의 어떤 순간에서 생각을 개선하려는 노력, 곧 '철학함'에 참여하고 있다.

코로나19 팬데믹을 겪으며 우리는 하나의 중요한 사실을 새삼스럽게 체감하게 되었다. 사회적 위기란 단지 자원의 부족만을 의미하지 않는다는 것이다. 백신이나 치료제의 부재, 의료진과 의료시설의 부족과 같은 물리적 자원의 결핍은 분명한 위기이지만, 그것만이 전부는 아니다. 필자는 이러한 위기를 '객관적 위기'라고 부르고자 한다. 그러나 우리가 직면한 위기의 본질은 이보다 더 복합적이다. 실제로 객관적 위기에 어떻게 대응할 것인지는 우리의 인식과 태도에 따라 전혀 다른 결과를 낳는다. 예컨대, 특정인을 '감염병 전파자'로 낙인찍는 차별적 언행, 문제의 원인을 개인의 잘못으로 돌리는 고정관념은 단지 도덕적 결함이 아니라, 방역 자체를 저해하는 또 다른 위기로 작용한다. 이러한 위기는 우리의 머릿속에서 비롯된 것이며, 사회적 차별과 낙인을 통해 현실적인 피해를 발생시킨다. 필자는 이를 '주관적 위기'라 부르고자 한다. 또한, 마스크 대란이나 혼란스러운 방역지침, 모순된 정책 집행 등에서 드러나듯, 제도 자체의 미비 혹은 혼선으로 인해 발생하는 문제들도 적지 않다. 이러한 유형의 위기는 법률과 정책의 구조적 한계에서 기인한 위기로서, '제도적 위기'라고 명명할 수 있을 것이다. 요컨대 우리는 팬데믹과 같은 복합 재난 상황에서 위기를 다음과 같이 삼중적으로 구분할 수 있다.

객관적 위기: 자원과 인프라의 물리적 부족

주관적 위기: 인식, 태도, 편견, 낙인에서 비롯된 위기

제도적 위기: 법·정책·행정 체계의 미비와 오류에서 비롯된 위기

이처럼 객관적, 제도적, 주관적 위기 가운데, 철학이 가장 실질적으로 개입할 수 있는 영역은 바로 '주관적 위기'이다. 철학은 개념, 가치, 판단 등을 반성하고 개선하는 실천적 사유를 통해서 그것들을 변화시킬 수 있다. 따라서 팬데믹 상황 속에서 철학자는 단지 방역정책의 해석자나 비평자가 아니라 '생각을 개선하는 자', 즉 사유의 구조를 재구성하고 사회적 개념을 새롭게 설계하는 실천적 행위자로 기능해야 한다.

그러나 이 역할은 전문 철학자에게만 국한되지 않는다. 개념은 인간이 만든 것이며, 그 개념이 인간에 의해 만들어졌다면, 언제든지 그것을 수정하고, 폐기하며, 다시 창조할 수 있는 자는 바로 우리 자신이다. 이 지속적인 개념의 생성과 개편의 과정이 앞서 언급했던 '철학함'이다. 그것은 사유의 고정된 명사가 아닌 살아 있는 동사이며, 삶 속에서 끊임없이 개념을 재구성하고 판단을 개선하려는 실천적 활동이다. 팬데믹이라는 위기의 한복판에서, 우리는 바로 이 '철학함'의 가능성을 다시 인식해야 하는 것이다. '철학함'은 더는 선택이 아니라 공동의 생존과 미래를 위한 필수적인 윤리적 실천이다. 우리는 모두 철학자일 수 있다. 아니, 위기의 시대에, 우리 모두는 철학자가 되어야 한다.

코로나19 팬데믹은 우리에게 무엇을 가르쳐 주었는가? 무엇보다도, 팬데믹 이전까지 '당연한 것'으로 여겨졌던 여러 개념과 프레임의 한계를 낱낱이 드러내 주었다. 예컨대 행동의 자유, 직업의 자유, 집회·결사의 자유 같은 법적 개념들이나, 개인주의, 프라이버시권, 인간중심주의와 같은 근대적 사유 틀은, 팬데믹 상황에 효과적으로 대응하기에는 구조적 제약이 있음을 드러내 주었다. 그것들은 평시에는 그런대로 잘 작동했지만, 위기의 국면에서는 연대, 책임, 공공성의 문제를 충분히 담아내지 못했다. 따라서 지금 우리에게 필요한 것은 기존 개념들을 맹목적으로 수호하거나 완전히 폐기하는 것이 아니라, 그것들을 비판적으로 수정·보완하고, 더 나아가 새로운 개념과 프레임을 창조해내는 일이다. 이 작업이야말로 철학이 수행해야 할 중심 과제이며, '철학함'의 실천이다.

이러한 철학의 실천적 과제를 보다 체계적으로 다루기 위해, 필자는 최근 영미철학계에서 주목받는 분야로 부상하고 있는 '개념공학(conceptual engineering)'이라는 방법론을 고찰하고자 한다. 이를 통해 어떤 개념이나 프레임이 팬데믹 재난 상황에서 더 효과적이고 책임 있는 대응을 가능하게 하는지를 탐색하려고 한다.

2부

개념공학과
감염병 윤리의 재설계

1장

이론적 고찰

1. 개념공학이란 무엇인가?

코로나19 팬데믹은 단지 과학이나 의료의 문제만이 아니라 언어사용, 인간이해, 사회제도, 규범질서 등에 이르기까지 철학적 개입을 필요로 하는 다층적 위기였다. 이때 철학의 임무는 단순히 해석적이고 반성적인 작업을 수행하는 것에 그쳐서는 안 된다. 오히려 팬데믹 상황은 철학이 개념을 새롭게 설계하고 조율하는 실천적 작업, 곧 개념공학으로 전환되어야 함을 보여준다.

1) 왜 개념공학인가?

- 차머스(Chalmers)와 니체(Nietzsche): 철학의 실천적 전환

개념공학은 기존 개념을 수리하거나 개선하는 것뿐만 아니라 상황에 적합한 새로운 개념을 창조하고, 그것의 실천적인 기능을 평가하고, 사회에 정착시키는 과정을 포함한다. 차머스(Chalmers)[9]에 따르면, 개념공학은 다음 세 단계로 구성된다.

① 설계(Design): 모호하거나 불완전한 개념을 재정의하거나 신개념으로 대체한다.

② 평가(Evaluation): 개념이 설명적, 인식적, 윤리적 기능을 얼마나 충족시키는지를 평가한다.

③ 구현(Implementation): 재설계된 개념이 사회적으로 수용되고 실행 가능하도록 전략적으로 도입한다.

이러한 개념공학적 접근은 팬데믹이 드러낸 개념의 한계, 가치의 충돌, 인식틀의 부적절함 등을 극복하는 방식으

---

9. David J. Chalmers, "What is conceptual engineering and what should it be?", *Inquiry: An Interdisciplinary Journal of Philosophy*, September 2020.

로 실천적으로 기여할 것이다. 이처럼 철학을 개념공학적 수행으로 규정하려는 시도는 분석철학의 최근 경향에서 비롯된 것만이 아니다. 이미 오래전에 니체는 철학자의 임무를 다음과 같이 정의한 바 있다.

"철학자들은 형용모순(contradictio in adjecto)을 행하는 놀라운 능력을 본래부터 가져왔다. 다시 말해 그들은 감각들(sensations)은 전혀 신뢰하지 않으면서도 개념들(concepts)은 완전히 신뢰했던 것이다. 개념들과 단어들이란 사고가 보잘것없고 불분명했던 지난 시대의 유산이라는 점을 철학자들은 곰곰이 생각하지 않았던 것이다. 그러나 마침내 철학자들은 깨닫는다. 개념들을 자신에게 주어진 것으로 단순히 수용하는 일은 물론이고 그것들을 그저 광이나 내는 일을 더 이상 해서는 안 된다는 것을. 그들이 우선 해야 할 일은 개념들을 만들고 창조하며(make, create) 규정하고 설득력 있게 논증하는 일인 것이다."[10]

니체의 이 지적은 오늘날 개념공학의 문제의식과 맞닿아

10. Friedrich Nietzsche/Kevin Hil and Michael Scarpitti, *The Will To Power*, Penguin Random House UK, 2017, pp. 239-240.

있다. 개념이란 고정된 실체가 아니라 시대와 필요에 따라 구성되고 조정되어야 할 실천적 도구이며, 철학자의 책무는 그 도구를 재설계하고 재정비하는 데 있다. 특히 팬데믹처럼 전례 없는 비상사태에서는 기존 개념들이 상황을 설명하고 조율하는 데 한계를 드러낸다. 이때 우리는 기존의 개념을 반복해서 적용하는 것이 아니라, 새로운 개념을 설계해야 하는 철학적 요청에 직면하게 된다.

우리가 일상적으로 사용하는 개념들, 예컨대 자유, 책임, 자아, 행위, 통제, 규율, 공동체 등은 마치 자연의 일부처럼 보이지만, 실은 역사적으로 형성되고 사회적으로 유통되며 문화적·정치적 맥락에 따라 의미가 변모하는 인간의 창조물이다. 이 점에서 개념은 본질이 아니라 구성물이며, 수동적 계승의 대상이 아니라 비판적 재구성의 대상인 것이다.

니체는 철학자들이 "감각은 끊임없이 의심하면서도, 개념은 무비판적으로 신뢰한다."고 지적한다. (현재 내가 느끼는 치통이 치통이라는 개념보다 덜 확실한가?) 우리는 감각을 믿기 어렵다고 하면서도, 개념은 마치 흔들리지 않는 견고한 진리의 도구인 양 의심하지 않는다. 그러나 그 견고함이란 실은 오래된 사유의 관습과 습관에서 비롯된 인식의 착각일 수 있다.

니체는 우리에게 물을 것이다. "지금 여기의 문제를 해결하는 데 있어서, 그 개념은 여전히 유효하고 적합한가?" 개념이란 결코 스스로 영원하거나 필연적인 것이 아니다. 그것은 언제나 우연한 조건 아래에서 선택되고, 구성되고, 창조된 산물이다. 따라서 수정과 재수정이 열려 있어야 한다. 니체는 진실(眞實)에 대해서 "진실은 우리가 그것이 환영이라는 사실을 잊어버린 환영이다, 즉 진실은 망각된 환영이다."[11] 라고 주장한다. 필자는 여기서 '진실이란 무엇인지'를 다투는 이론들의 논쟁에 참여하지는 않을 것이다.[12] 필자의 목적은 니체의 '진실'을 '개념'으로 대체해서 사유하는 데 있다. 니체는 진실과 개념 모두에 대해 날카로운 비판을 제기하지만, 이 자리에서 필자는 '개념'에 한정해서 개념을 본질적이고 필연적인 어떤 것으로 간주하는 사고를 비판하고자 한다.

예컨대, 도덕철학의 최고 권위자 중 한 명으로 손꼽히는 칸트를 살펴보자. 동시대의 뉴턴이 자연세계를 설명하기 위

11. Friedrich Nietzsche, "On Truth and Lies in a Nonmoral Sense Nietzsche", 1873. 이 논문이 수록된 책은 Nietzsche/ Daniel Breazeale ed., *Philosophy and Truth: Selections from Nietzsche's Notebooks of the Early 1870s*, Humanities Press/Prometheus Books, 1990.

해 보편타당하고 객관적인 법칙, 즉 만유인력의 법칙을 제시했듯이, 칸트 역시 도덕세계에 적용되는 보편타당한 법칙을 정립하려는 철학적 기획을 수행하였다. 그는 도덕법칙(the moral law), 곧 도덕의 최고이자 '유일한 법칙(supreme principle)'이라고 부르며 정언명령(categorical imperative)이라는 이름으로 제시하였다. 그런데 칸트는 정언명령을 단지 한 가지로 제시하지 않았다. 오히려 그 정언명령을 직관적이고 설득력 있게 전달하고자 다양한 정식들을 고안하였다. 예컨대, 보편법 정식, 인간성 정식, 자율성 정식[13] 등의 정식들이 그것이다.

---

12. 영어 'truth', 독어 'Wahrheit', 불어 'verite'라는 한 단어에 대해 우리 말은 '참', '진리(眞理)', '진실(眞實)'이라는 세 가지 용어가 있다. 그 세 가지 용어들은 의미의 차이 없이 교환될 수 있는 경우도 있지만, 그렇지 않은 경우도 있다. 가령 피타고라스의 정리를 수학적 진리(眞理)라고 하지 수학적 진실이라고 하지 않는다. 반면에 법정에서 증인은 진실을 말하라고 하지 진리를 말하라고 하지 않는다. 위의 니체의 문구를 많은 문헌들은 '진리'로 옮기고 있다. 하지만 필자는 '진실'로 옮기는 것이 적합하다고 본다. 문제의 대상이나 현상의 타당성이 인식 주관에 독립적이라면 진리이다. 피타고라스의 정리는 우주에 우리와 같은 지적 생명체가 있든 없든 그 타당성이 보장된다. 반면에, 시간의 기본 단위인 '1초'를 보자. 1초는 세슘 원자의 진동수를 기준으로 정의한 것이다. 그런데 우리는 '1초'가 마치 자연의 본질처럼 절대적인 시간 단위로 받아들인다. '1초'는 객관적인 자연법칙에 속하는 것이 아니라, 인간이 편의상 만든 일종의 '측정의 은유'이다. '1초'의 타당성은 인식 주관의 개입이 있어야 하기에, '1초'는 진실에 속하는 것이다. 1초가 환영이라는 사실을 우리는 망각한다. 그럼에도 본질은 환영이기에 '1초'는 '망각된 환영'인 것이다. 핵심은 필자가 방금 했던 작업도 개념공학적 작업이라는 것이다. 현상에 대해 기존 개념을 수정하거나 폐기하고 적합한 개념으로 대체하려고 하기 때문이다. 그리고 팬데믹 현상을 기술하는 적합한 개념이 무엇인지를 탐구하는 현재의 작업에서는 '개념' 그 자체가 개념공학의 대상이다.

중요한 점은, 칸트가 이 정식들을 처음부터 완성된 형태로 얻은 것이 아니라, 여러 습작(drafts)과 사유실험을 거쳐 칸트 자신이 판단하기에 가장 적합한 형태를 선택하여 최종 저술에 포함시켰다는 점이다.[14] 궁리(窮理)를 하는 인간으로서 그것은 자연스럽고 정당한 철학적 실천이다. 이 사실을 전제로, 정언명령을 대하는 두 가지 입장이 있을 수 있다.

① 정언명령의 최종 형태를 '주어진 것'으로 간주하고, 그것을 문자 그대로 충실히 해석하며 그 내재적 의미를 밝히려는 입장.

② 정언명령을 역사적 맥락 속에서 구성된 하나의 개념적 시도로 이해하고, 그것이 지금-여기의 윤리적 문제들을 해결하는 데에 적합한지를 묻는 입장.

---

13. "너의 행위의 준칙[주관적 원칙]이 동시에 보편적 법칙이 될 수 있도록 그렇게 행위하라."가 보편법 정식(Formula of Universal Law)이다. 그리고 "너 자신과 다른 모든 사람의 인격을 단지 수단으로 대하지 말고, 항상 동시에 목적으로 대우하도록 행위하라."가 인간성 정식(Formula of Humanity as an End in Itself)이다. 그리고 "너의 의지는 언제나 보편적 입법자가 되는 것처럼 행위하라."가 자율성 정식(Formula of Autonomy)이다. 이 세 정식은 칸트에 따르면 결국 하나의 동일한 도덕법칙의 서로 다른 표현들이며, 이를 통해 그는 도덕의 보편성, 인간 존엄성, 자율성을 함께 정초하고자 했다. 요컨대 칸트의 이와 같은 작업은 철학자란 개념과 프레임을 만들어 내는 개념공학자라는 점을 여실히 보여준다. Kant/Gregor, M. et al., *Groundwork of the Metaphysics of Morals, Cambridge Texts in the History of Philosophy*, Canbridge University Press, 2012.

14. Allen Wood, *Kantian Ethics*, Cambridge University Press, 2008, p. 288.

이 두 번째 입장이 바로 개념공학(conceptual engineering)이 지지하는 입장이다. 개념이란 현실을 있는 그대로 비추는 거울이 아니라 혼돈을 정돈하고, 생존을 가능케 하며, 세계에 질서를 부여하기 위해 인간이 발명한 도구이다. 따라서 우리는 개념을 '계승'할 것이 아니라, 그 개념이 지금도 유효한지를 묻고, 필요하다면 과감히 다시 만들어야 한다. 개념이란 시대적 상황, 철학자의 문제의식, 설득전략 등에 따라 구성된 것이며, 현재의 개념이 '유일하고 최종적인 형태'라는 보장은 없다.

이제 우리는 개념을 단지 계승하거나 해석하는 대상이 아니라, 시대와 맥락 속에서 구성하고 설계해야 할 도구로 이해할 필요가 있다. 그렇다면 자연스럽게 다음 질문이 따라온다. "우리가 지금 사용하는 개념들(개인, 사회, 자유, 권리 등)은 정말로 오늘날의 문제를 해결하는 데 적합한가?" 이 물음은 단지 철학 내부의 추상적 논쟁이 아니라, 실제로 우리가 사용하는 말들이 어디서 왔으며, 사회 속에서 어떻게 기능해 왔는지를 따져보는 철학적 계보학(genealogy)의 요청이기도 하다. 니체가 "진실이란 우리가 그것이 환영이라는 사실을 잊어버린 환영"이라고 했듯이, 개념도 본래 누군가가 주조한 것임에도 우리는 그것을 마치 본래부터 있었던 것처럼 사용하는 경향이 있다. 그런 점에서 개념을 성찰한다는 것은 단지 비판을 한다는 문제가 아니라 망각된 기원을 재발견하는 것이자, 실천적으로 개입을 하는 시작점이기도 하다. 그렇다면 이제 개념의 계보학적 구성을 해명하려고 했던, 아래에서 살펴볼 야나부 아키라(Yanabu Akira)의 작업에 주목할 필요가 있다.

현재 '개인(個人)'이나 '사회(社會)'라는 용어를 우리는 아무런 의심없이 사용하고 있다. 그런데 그 의미가 명확하기 때문에 사용하고 있는가? 엄밀히 말하자면, 그 의미가 그 자체로 명확해서라기보다는 명확하다고 서로가 믿고 있고 그 믿음이 사회적으로 용인되기 때문에 사용하고 있다. 예컨대, '개인'의 경계는 어디까지인가? 피부의 물리적 경계인가, 법적 권리의 경계인가, 아니면 사회적 역할의 경계인가? 또한 '사회'란 무엇인가? 특정한 공간적 집합인가, 아니면 관계의 그물망인가? 미생물 군집도 사회라 부를 수 있는가? 이런 물음들은 개인과 사회의 개념이 철저히 해석 가능하고 논쟁적인 대상이라는 사실을 드러낸다. 이제 개념의 생성 과정에서의 역사성과 우연성을 살펴보자.

2) 난학(蘭學), 개념공학의 실험실: 개념의 역사성과 우연성

곰곰이 생각해 보면, 오늘날 우리가 당연하게 사용하는 많은 한자어, 예컨대 '사회', '개인', '근대', '자연', '존재', '권리', '자유' 등은 society, individual, modern, nature, being, right, freedom 등 서구의 핵심 개념들을 번역하는 과정에서 그러한 형태로 구성된 것이다. 중요한 점은, 이 개념들[15]이 한국의 역사적인 경험과 내재적인 사유구조로부터 자생적으로 발생한 산물이 아니라는 데 있다. 그것들은 17~18세기 일본의 에도 시대에서 메이지 시대로 이어지는 전환기 속에서, 일본의 번역 지식인들의 치열한 사유와 창의적인 사고를 통해 인공적으로 구성된 사고의 산물이다.

그러한 번역의 생성 과정을 치밀하게 추적한 대표적인 연구자 중 한 명이 야나부 아키라다. (비록 그가 '계보학'이라는 표현을 명시적으로 사용하지는 않았지만) 그의 작업은 분명히 개념의 역사성과 층위를 탐색하는 계보학적 연구의 성격을 지닌다. 야나부에 따르면, 'individual'과 'society'라는 개념은 19세기 이전의 동아시아에는 실재하지 않았으며, 해당 개념

---

15. 앞서 언급했듯이, 필자는 '개념'과 '용어'란 말을 교환될 수 있는 단어로 사용하고자 한다. 개념공학에서 '개념'이란 용어, 문장, 물음, 프레임 등을 포괄하는 '생각의 연장'을 뜻한다.

을 지시할 수 있는 구체적인 현상조차 존재하지 않았다. 말하자면, 일본의 번역 지식인들은 아직 존재하지 않는 현상을 지시할 언어를 선행적으로 창안해야 했다. 이러한 번역행위는 단순한 언어의 치환이 아니다. 오히려 그것은 미래에 출현할 가능성이 있는 현상을 개념적으로 예비하고 구성하는 행위에 가까운 것이다. 여기에는 개념공학의 미래지향적인 특성이 잘 드러나 있다.

이 글에서 필자는 다가올 팬데믹 위기에 대비하는 철학적 과제로서 개념공학의 실천적인 가능성을 모색해 왔다. 이와 같은 관점에서, 여기서 주목하고자 하는 중심 개념은 바로 '개인'과 '사회'이다. 그런데 대부분의 독자에게 이 개념들은 특별한 철학적 논점을 제기하지 않을 것이다. '개인'과 '사회'의 의미는 오랜 시간에 걸쳐 교육, 미디어, 일상언어 등을 통해 자명한 것으로 내면화되었기 때문이다. 초등학교 교과서 수준에서도 충분히 다루어지는 '상식적' 개념이기에 그 의미를 논의하는 것은 진부하게 느껴진다. 그렇다면, 이 글은 왜 '개인'과 '사회'라는 개념을 철학적으로 다시 묻고자 하는가?

오늘날 우리가 '개인'과 '사회'라는 용어를 심리적으로

별다른 저항 없이 사용하는 까닭은 의미가 명확하기 때문이 아니라, 명확하다고 믿기 때문이라고 해야 할 것이다. 앞서 언급했듯이, 개인과 사회라는 개념은 여전히 논쟁적으로 논의될 수 있는 개념이다. 이는 당연시되는 개념들조차 끊임없이 재구성될 수 있는 사유의 장임을 보여준다.

그러면 이제 그런 '명백해 보이는 개념'들이 과연 어떻게 번역되고, 또 어떤 과정을 통해 우리 언어와 사유에 자리 잡게 되었는지를 면밀히 살펴보자. 이를 위해서 먼저 일본의 에도 시대와 메이지 유신기를 거치며 '번역'이 왜 중요한 지적 작업으로 간주되었는지 이해할 필요가 있다.

에도 시대(1603-1868)는 약 250년간의 평화와 봉건질서가 유지되던 시기로, 일본은 대외적으로 쇄국정책을 시행하고 있었다. 그러나 네덜란드를 통해 제한적으로 유입된 서양의 과학 기술은 일본 지식인들의 큰 관심을 불러일으켰고, 이를 계기로 등장한 것이 바로 난학(蘭學, Dutch Learning)이다. 난학자들은 네덜란드어로 된 의학, 천문학, 물리학 등의 책들을 일본어로 번역하며 지식의 '언어적 이식'과 '개념적 정비'를 시도했다.

이러한 번역 활동은 단순한 언어 변환이 아니었다. 서양의 사물, 제도, 개념을 전혀 경험해보지 못한 문화권에서 익숙하지 않은 현실을 '말로써 구성'하고 '이해 가능한 사유의 틀'로 가공하는 창조적 작업이었다. 에도 시대야말로 개념공학의 시대였고, 난학자들이야말로 '개념공학자'였다. 그들의 작업이 바로 개념공학에 해당하는 것이다. 그들은 새로운 현상과 지식에 대응하기 위해 개념의 설계-평가-구현의 작업을 수행했다.

설계(Design): 자유(freedom), 개인(individual), 사회(society)와 같은 개념어들을 고안하여 서양 개념의 정밀한 대응어로 창조함

평가(Evaluation): 이 개념들이 일본인의 문화적·인지적 도식에 부합하는지를 평가함

정착(Implementation): 교육, 출판, 행정 언어를 통해 개념을 제도화함으로써 사회적 수용을 도모함

결국, 에도 시대의 번역은 단지 언어의 전환을 넘어서 새로운 개념적 체계를 살아 있는 언어 속에 구성하고 내면화하는 작업이었다. 이러한 의미에서, 근대 일본 사유의 기원은 바로 이 초기 개념공학의 실험실에서 태어났다고 해도

과언이 아니다. 그리고 그 유산은 곧바로 조선 말기와 현대 한국어의 학술어 체계에도 깊은 영향을 미쳤다.

그러면 이제 그런 '명백해 보이는 개념'들이 과연 어떻게 번역되고, 또 어떤 과정을 통해 언어와 사유에 자리 잡게 되었는지를 살펴보자. 야나부 아키라는 society의 번역 과정을 다음과 같이 설명한다.

"사회는 society의 번역어다. 대략 메이지 10년대(1877~1886) 무렵부터 활발히 쓰이기 시작했으니까 역사가 약 1세기 정도 된 셈이다. 본래 society는 번역하기가 매우 번역하기 어려운 말이었다. 가장 중요한 이유는, 무엇보다 society에 해당하는 말이 일본어에 없었기 때문이다. 해당하는 말이 없었다는 것은 society에 대응할 만한 현실이 일본에 없었다는 것을 의미한다. 그러다가 어떻게 해서 '사회'라는 번역어가 만들어져서 자리를 잡게 되었다. 하지만 그렇다고 해서 '사회' 즉 society에 대응할 만한 현실이 일본에도 존재하게 되었다는 것을 뜻하는 것은 아니다."[16]

16. 야나부 아키라, 김옥희 옮김, 『프리덤, 어떻게 자유로 번역되었는가?』, 에이케이커뮤니케이션, 2020, 10쪽.

야나부에 따르면, 일본에서 society를 번역하기 위해 사용된 '사회'라는 표현은 기존 일본어 어휘에서는 찾아볼 수 없는 낯선 조합이었다. 당대에는 '세간'이나 '교제'라는 용어가 사용되고 있었다. 이 용어들은 society의 의미를 부분적으로는 담고 있었으나, society가 가진 정치적·구조적 의미의 추상성을 반영하기에는 한계가 있었다. 이에 따라, 번역자들은 전통 한자어인 '사(社)'와 '회(會)'를 새로운 방식으로 결합하여, 일본 사상사에서는 전례가 없던 '사회'라는 신조어를 창안한 것이다.

'사회'라는 조어는 문자 그대로 창조적 번역의 결과물로, 서구적 근대성의 사유 구조를 동아시아 언어로 옮기기 위한 목적으로 만들어진 구성물이었다. 흥미로운 점은, 번역어 '사회'가 원래 단어인 society와 완전히 일치하지 않으며, 그렇다고 '사(社)'나 '회(會)'의 의미와도 직접적인 연속성을 지니는 것도 아니라는 사실이다. 그렇다면 '사회'라는 용어를 창조해낸 당시 지식인들의 개념공학적 작업은 근대적인 추상 개념으로서의 '사회'가 작동할 수 있는 개념적 공간을 창출하는 작업이라고 평가해야 할 것이다.

한편, society와 짝을 이루는 individual의 번역 과정 또한 야나부는 연구를 통해 추적하고 있다. 당시 일본 지식인들은 individual이라는 개념을 이해하는 데 많은 어려움을 겪었는데, 이는 society라는 개념을 받아들이는 데서 느꼈던 곤란과 본질적으로 유사한 것이었다. 초기에는 '독일개인(獨一個人)'이라는 표현이 사용되었고, 이후 '일개인(一個人)'을 거쳐 결국 '一'이 생략된 '개인(個人)'이라는 표현으로 정착되었다고 한다.

이러한 번역 개념의 형성과 정착 과정은 개념공학에 중요한 함의를 가진다. 거시적인 관점에서 바라본다면, 우리는 언어 생태계에서 일종의 '용어의 진화론'을 상정해볼 수 있다. 즉, 번역어는 단지 어떤 번역자의 주관적 선택이나 일회적인 창조 행위를 통해 결정되는 것이 아니라, 복수의 용어들이 경쟁하고 도태되는 일련의 문화적·사회적 '자연선택(natural selection)' 과정을 통해 결정된다는 것이다. 특정 개념을 번역하거나 재정의할 수 있는 여러 후보 용어들이 존재할 때, 그중 어느 하나가 표준어로서 사회적 생존력을 획득하고, 나머지는 점차 소멸하거나 비주류화된다. 이는 마치 생태계에서 생물 종들이 환경과 상호작용하며 적자생존하는 것과 유사하다.

중요한 것은, 이 선택과정이 결코 이성적 판단이나 의미의 정합성만으로 결정되지 않는다는 점이다. 오히려 그 과정은 문화적 관습, 제도적 조건, 시대적 담론의 요구, 미적 선호, 정치적 압력 등 우연적이고 다층적인 요소들이 중첩적으로 작동하는 장(場)에서 일어난다. '개인'이라는 표현이 '獨一個人'이나 '一個人'을 제치고 정착하게 된 배경도, 단지 언어적 간결함이나 개념적 정합성 때문만이 아니라 당시 사회적 언술에서의 사용 용이성, 교육 제도의 채택 여부, 인쇄 매체에서의 가독성 등 다양한 환경 요인이 복합적으로 작용한 결과로 보아야 한다.

이러한 관점에서 보면, 개념이란 정태적 정의의 대상이 아니라 역사적 장 속에서 선택되고 정착되는 생명적 단위라 할 수 있다. 언어는 끊임없이 살아 움직이며, 용어는 고정된 단어가 아니라 경쟁과 조정, 재맥락화 속에서 적응적 우위를 점하며 존속하거나 사라지는 문화적 유기체이다. 따라서 철학적 개념공학은 언어의 이와 같은 생태학적 관점을 수용할 때, 단순히 개념의 정당성만을 묻는 데 그치지 않고, 개념의 생성·진화·도태 과정을 책임 있게 설계하고 분석하는 작업으로 확장될 수 있다.

요컨대 어떤 개념은 그 내용의 진실성이나 철학적 깊이 때문이 아니라, 형식적 세련됨이나 시대의 요구에 부합하는 외형적 매력 때문에 더 쉽게 수용되기도 한다. 요컨대 개념은 논리적 정의의 대상일 뿐만 아니라, 문화적 소비와 인식의 장에서 어떻게 받아들여지고 작동하는가도 개념의 생성과 지속에 중요한 요소인 것이다.

야나부는 이러한 현상을 '카세트 효과(cassette effect)'라는 개념으로 설명한다. '카세트'란 본래 작은 보석상자를 의미하지만, 그 안에 무엇이 들어 있는지를 정확히 알지 못하는 사람조차도 그 외형의 아름다움이나 형식적 완결성으로 사람을 끌어당기는 현상을 지칭한다. 마찬가지로, '사회', '개인', '자연', '권리', '자유'와 같은 번역어들도 그 의미가 분명히 규정되기 전부터, 언어적 형식 자체의 정합성과 '근대적' 분위기를 풍기는 외형 덕분에 개념적 모호성에도 불구하고 폭넓게 수용되고 유통된 것이다.

야나부는 이러한 '카세트 효과'가 언어 사용자에게 개념적 책임으로부터의 일종의 면제를 제공한다는 점을 지적한다. 오늘날 우리가 society를 '사회'로 번역하고 사용할 때, 더는 그 의미를 철저히 분석하거나 성찰하지 않고도 사용한다. 그렇게 할 수 있게 된 까닭은, 번역어의 의미를 규명해야 할 책임을 화자나 청자가 지는 것이 아니라, 번역어 그 자체에 위임하는 구조 때문이다. 우리는 그런 구조 속에서 언어생활을 한다. 어떤 측면에서 보자면, 인어사용자인 인간이 언어의 의미를 해명할 책임을 언어 그 자체에 전가하고 살아가는 것이 효율적이기 때문일 것이다. 자신이 사용하는 말의 의미에 대한 정의를 화자에게 매번 요구하는 사회를 상상해 보라! 번역자는 더는 society의 의미를 고민하지 않고도 '사회'라는 용어를 기계적으로 치환할 수 있게 되었으며, 개념적 책임은 마치 면제된 것처럼 보인다.

이러한 역사성과 우연성은 우리가 사용하는 개념들이 절대적 정당성에 기반하지 않음을 인식하게 한다. 그렇다면 중요한 것은 개념을 정의롭게 구성하려는 철학적 실천이다. 개념이 개인을 억압하거나 책임을 부당하게 전가하는 방식으로 사용되어서는 안 되는 것이다.

3) 개인 개념의 계보학: 책임 전가와 개념공학

팬데믹은 통제와 지배, 훈육과 억압이라는 언어 자체의 권력을 다시 묻는 계기가 되었다. 특히 '슈퍼전파자', '확진자', '자가격리자', '사회적 거리두기' 등의 개념들이 단순한 기술어(descriptive term)가 아니라 정치적 프레임이자 규범적 장치로 기능하고 있다는 사실을 여실히 드러냈다. 개념은 단순히 현상을 반영하는 거울이 아니다. 그것은 특정한 시선과 방향성을 부여하는 창틀(frame)이며, 세계를 해석하고 구성하는 장치이다.

'슈퍼전파자'라는 표현을 예로 들어보자. 이 개념은 감염병 확산의 사실을 기술하는 기술어로서 사용되지만, 사회적 담론 속에서는 특정 개인을 비난하고 책임을 귀속시키는 규범적 개념으로 기능한다. 마찬가지로 '확진자'라는 말은 단순한 분류어처럼 보이지만, 실제로는 공포, 배제, 낙인효과를 유발하는 사회적 기호(sign)로 작동한다. 개념은 언제나 정치적 맥락 안에서 선택되고, 기능하고, 강화되는 권력 장치인 것이다.

이 지점에서 우리는 '개인' 개념 자체에 의문을 제기할 수 있어야 한다. 인간을 더 이상 나눌 수 없는 자율적 단위로 설정하는 이 개념은, 근대 권력체계에서 책임과 비난, 처벌을 정당화하기 위한 윤리적·법적 구성물이었다. 즉, 사회적 재난이나 규범적 실패가 발생했을 때, 그 책임을 특정한 존재자에게 귀속시키기 위한 이론적 장치로서 '개인'은 설계되었다. 니체는 이 지점을 철저히 비판한다. 그는 개인이란 고립된 실체가 아니라, 상호작용하는 힘들의 임시적 배열이며, 위계질서 안에서만 존재할 수 있다고 보았다. 그는 다음과 같이 말한다.

"인간이란 위계질서 속에서의 다수의 힘들이라는 사실, 따라서 명령자가 존재한다. 그러나 명령자의 존재는 복종자들의 존재에 의존하며, 그 역할은 끊임없이 교차하고 전환된다. 개인(individual)이란 개념은 거짓이다. 그 어떤 존재도 고립해서 존재하지 않는다."[17] 여기서 위계질서란 지배자와 피지배자 간의 관계에만 적용되는 것이 아니다. 한 개인의 내부가 위계질서를 이룬다는 것이다. 한 개인을 심리적으로 구성하는 감정, 욕구, 믿음 등은 물론이고, 신체적인 두뇌, 장기들, 사지들이 모두 위계질서를 이루는 것이다. 그러한 심리적인 것들과 신체적인 것들을 통제, 관리하는 주권자로서의 개인이란 니체의 관점에서는 개념적 허구이다.

17. Friedrich Nietzsche, *Nachgelassene Fragmente* (Frühjahr 1873), in: *Kritische Gesamtausgabe*, ed. Giorgio Colli and Mazzino Montinari, vol. VII/3, Berlin: de Gruyter, 1974, 18, line 34 [123].

니체의 계보학적 통찰은 '개인' 개념이 권리나 자유의 주체이기 이전에, 통제와 책임 귀속을 위한 정치적 산물임을 보여준다. 그는 『도덕의 계보학』에서 "도덕적 주체로서의 개인"은 오랜 사회적 훈육과 강제의 산물이며, "예측 가능한 존재"로 만들기 위한 프로젝트의 산물이었다고 지적한다. 즉, 개인은 만들어진 것이다.[18] 개념 배후에 작동하는 권력 관계를 밝히는 작업은 푸코의 계보학에서도 핵심적이다.

"내가 계보학이라 부르고자 하는 것은 … 사건들의 장에 대해 초월적이거나, 역사 전반에 걸쳐 공허한 동일성으로 흐르는 주체를 전제하지 않고도, 지식, 담론, 대상의 영역들이 어떻게 구성되었는지를 설명할 수 있는 일종의 역사이다."[19]

푸코의 이 말은, '개념'이란 불변의 본질에서 비롯된 것이 아니라, 특정한 담론적, 제도적, 사회적 실천 속에서 구성

---

18. 니체는 계보학의 관점에서 '개인'이 왜 탄생하게 되었는지를 인상적으로 서술하고 있다. "인류가 선사시대부터 해온 작업이고 … 관습의 도덕이라고 일컬었던 것이고 … 인간은 관습의 도덕과 사회적 구속복의 도움으로 예측 가능한 존재로 만들어졌다. … 그 나무의 가장 잘 익은 열매인 주권자로서의 개인을 발견하게 된다." 니체, 박찬국 옮김, 『도덕의 계보』, 아카넷, 2021, 100쪽.
19. 콜린 고든, 홍성민 옮김, 『권력과 지식: 미셸 푸코와의 대담』, 나남, 1991, 278쪽.

되고 유통된다는 사실을 드러낸다. 다시 말해, '개인', '사회', '공공', '자유' 같은 개념은 역사적 구성물이며, 현재의 문제를 해결하는 데 적합한지를 항상 물어야 하는 대상이다. 이러한 통찰은 단순한 비판을 넘어, 우리가 사용하는 개념들을 다시 설계하고 조율하는 실천적 작업으로 연결된다. 이것이 바로 개념공학(conceptual engineering)의 핵심이다.

요컨대 개념은 세계를 바라보는 도식이자, 세계를 구성하는 힘이다. 팬데믹은 그것이 만들어진 시대의 개념이 지금 여기의 위기를 설명하고 조율할 수 있는가를 근본적으로 물어야 할 시점임을 명백히 드러냈다. 따라서 개념은 받아들이는 언어가 아니라 실험하고 개입해야 할 철학적 장치다.

이제 철학으로서의 개념공학의 의의를 요약하고자 한다. 들뢰즈와 가타리는 다음과 같이 말한다.

"개념은 우리가 발견하기를 기다리고 있는 것이 아니다. 개념은 발명되어야 하고, 조작되어야 하며, 더 정확히 말해 창조되어야 한다. 그것들이 우리가 이미 알고 있는 것과 얼마나 닮았는지는 중요하지 않다. 중요한 것은 그것들이 무엇을 할 수 있는가이다."[20]

위기 상황이란 개념의 시험대이다. 어떤 개념이 작동하지 않고 어떤 현상에 대응하기 위해 어떤 개념을 구성해야 하는지가 시험된다. 코로나19 팬데믹은 단지 의료적 혼란이 아니라 개념의 작동에 혼란과 장애가 동반되는 위기였다. 우리가 의지했던 '자유', '책임', '공익', '연대', '정보', '위험', '합리성', '과학적 판단' 등의 개념들이 위기 앞에서 흔들렸다. 어떤 개념은 모순을 드러냈고, 어떤 개념은 새로운 배경 아래서 전혀 다른 의미로 기능했다. 이제 우리는 물어야 할 것이다.

첫째, 기존의 상황에서는 그런대로 잘 작동해 왔던 인식 체계이지만 팬데믹 상황에서는 문제가 되는 체계는 무엇인가? 그리고 팬데믹 상황을 극복하는 데 있어서 그런 체계가 생각만큼 실효성을 갖지 못하게 된 까닭은 무엇인가? 그렇다면 둘째, 팬데믹이 현저하게 부각시켜 준, 그렇지만 그동안 도외시되었던 세계, 사회, 인간의 본질적인 특성은 무엇인가? 셋째, 팬데믹이라는 재난에 대한 대응 계획을 세울 때 우리를 지도해 주는 핵심 개념이나 원칙은 무엇인가?

20. Deleuze, G. & Guattari, F./Tomlinson, H. & Burchell, G. trans., *What is Philosophy*, Columbia University Press, 1991, p. 5.

이제 우리는 본격적으로 팬데믹 상황에서 지배적이었던 개념들과 프레임들, 그리고 그 개념들이 발생시킨 인식적·정치적·윤리적 효과를 분석하고자 한다. 이를 통해 우리는 개념공학적 작업의 구체적 필요성을 진단하고, 미래 위기에 대비한 개념의 재설계 전략을 도출할 수 있을 것이다.

2. 개념공학적 재구성: 세계, 개인−사회, 인간

코로나19 팬데믹은 단순한 위기가 아니라, 그동안 우리가 세계를 어떻게 이해했고, 개인과 사회의 관계를 어떻게 규정했으며, 인간 존재를 어떻게 정의해왔는지에 대한 전면적인 반성과 재설계를 요구하는 철학적 계기이다. 팬데믹은 기존 개념들이 작동하지 않거나, 오히려 혼란과 갈등을 야기하는 상황을 통해 "어떤 개념이 최선인가?"라는 실천적 물음을 철학자들에게 던지고 있다. 이제 우리가 수행해야 할 개념공학적 작업은 다음의 핵심 물음에 응답하려는 것이다. 즉, 다가올 미래 팬데믹에 사회적 혼란을 줄이고 공동의 대응을 가능하게 하는 데 가장 적합한 개념은 무엇인가?

영역 차원	세계	개인-사회	인간
학문	존재론-인식론	사회학	생물학
인식	미시/거시 인간/동물, 인간/환경 이분법	개인/사회 이분법	지적 존재 (Homo sapiens)
본질	연결성	공동 감염성과 책임윤리	감염적 존재 (Homo infectivus)
지향	하나의 건강	공동목표와 자발적 참여	감응적 연대와 공존

이 물음을 다루기 위해, 필자는 문제 영역을 '세계', '개인-사회', '인간'의 영역으로 나누고, 각 영역에 해당하는 학문/인식/본질/지향 차원을 구성하였다. 첫째, 학문 차원은 세 영역 각각의 기반이 되는 지식이 무엇인지를 말해 준다. 즉 '세계'는 존재론-인식론 지식에, '개인-사회'는 사회학 지식에, '인간'은 생물학 지식에 기반을 두고 있다. 둘째, 인식 차원은 해당 영역에 대한 (필자가 비판하려고 하는) 지배적인 이해방식을 말해 주는데, 이 이해방식에는 미시/거시, 인간/동물, 인간/환경 이분법과 개인/사회 이분법이 속한다. 셋째,

본질 차원은 그동안 도외시되었으나 팬데믹으로 드러난 (필자가 옹호하려고 하는) 본질을 말해 주는데, 연결성, 공동 감염성과 상호 책임윤리, 그리고 감염적 존재가 속한다. 넷째, 지향 차원은 개념공학적 설계를 이끌어 주는 원리를 말하는데, 하나의 건강, 공동목표와 자발적 참여, 감응적 연대와 공존이 속한다.

'세계'를 예로 들어 설명해 보자. '세계'에 관해 필자는 첫째 '학문' 차원에서 기반하고 있는 지식으로 존재론-인식론을 제시하고자 한다. 존재론과 인식론에 하이픈이 있는 것은 존재론과 인식론이 독립된 별개가 아님을 뜻한다. '그렇게 봄으로써 그런 식으로 있다'는 것을 뜻하기 위해서이다. 즉, 어떤 대상이 인식 방식을 통해서 그 대상으로 존재한다는 것을 뜻하기 위해서이다. 둘째, '인식' 차원에서 미시/거시 등의 이분법이 '세계' 영역을 바라보는 프레임이다. 셋째, '본질' 차원에서 팬데믹은 그동안 우리가 도외시했던 연결성이라는 세계의 본질을 드러내 준다. 넷째, '지향' 차원에서 '세계'에 속하는 개념들을 개념공학적으로 설계하기 위한 지도원리가 '하나의 건강'이다.

1) 세계

개념공학적 작업이 적용될 첫 번째 영역은 '세계'에 대한 우리의 인식과 그 전제들이다. 철학적으로 물음을 전환해보자. "존재론적 차원에서 이 세계에 무엇이 실재하는가?"라는 고전적 질문은 겉보기에 단순하지만, 그 안에는 복잡한 전제가 깔려 있다. 필자는 이 물음을 보다 정밀하게 규정하고자 한다. 이 물음은 첫째, '우리가' 묻는 물음이며, 둘째, '우리와 세계가 이미 연루되어 있다'는, 이른바 '세계-내-존재'로서 묻는 물음이다.

대상들의 총체로서의 '세계'는 객관적으로 존재한다고 우리 대부분은 믿는다. 이때 객관적으로 존재한다는 말은 우리와 독립해서 존재한다는 의미이다. 그 대상들과 이런저런 관계를 맺으면서 개개인은 살아가고 있다고 우리는 믿는다. 실은 우리가 이미 그 안에 살고 있으며, 다양한 방식으로 그것과 연결되어 있는, 사는 가운데 '항상 이미' 이해되고 구성되는 '세계'다. 이러한 선이해(pre-understanding)는 하이데거나 가다머, 그리고 해석학적 전통에서 강조된 철학적 직관이며, 이것은 세계에 대한 인식론과 존재론을 분리할 수 없다는 주장으로 이어진다. 그래서 필자는 이 작업을 '존재론-

인식론적 차원'의 작업이라 부른다. 대상을 보는 우리의 방식에 의거해서 그 대상이 그렇게 존재하는 것으로 드러나는 것이다.

이 관점에서 보면, 팬데믹 이전의 '세계' 인식은 어떤 구분들에 의존해 왔다. 인간/동물, 인간/환경, 미시/거시라는 이분법은 너무도 익숙해서 그 정당성 자체를 문제 삼기 어렵다. 그러나 팬데믹은 이러한 구분의 정당성을 전면적으로 흔들었다. 코로나19는 인간만의 질병이 아니며, 인간 사회의 자연에 대한 행위가 야생동물의 서식지를 파괴하고, 인간과 비인간 동물 간의 접촉을 촉진함으로써 새로운 바이러스가 발생할 수 있다는 사실을 여실히 보여주었다. 결국, 팬데믹은 인간/비인간, 생물/환경, 개인/사회 사이의 인위적인 경계를 해체시키는 사건이었다.

이와 같은 '세계'에 대한 재인식은 '연결성'이라는 존재론적 기초 위에서 작동해야 하며, 그 연결성을 포착하는 인식적 장치가 바로 '하나의 건강(One Health)' 패러다임이다. 이 패러다임은 건강을 인간 개체의 속성이 아니라, 인간·동물·환경 간의 복잡한 상호작용 속에서 구성되는 관계적 실재(relational reality)로 본다. 그에 따라 우리는 단지 인간 개체의 건강만을 중심에 두는 인식과 정책에서 벗어나야 하며, 생물학적 실체들이 아닌 관계의 실현태를 중심으로 윤리적·정치적 구조를 재설계해야 한다. 요컨대 '세계'에 대한 철학적 개입은 다음과 같은 개념공학적 요청으로 수렴된다.

① 기존의 인간 중심적 세계 인식을 탈중심화(de-centering)할 것
② 실재(reality)에 대한 이해를 실체(substance)에서 관계(relation)로 이동할 것
③ 팬데믹을 '보건 문제'가 아니라 '존재론적 사건'으로 받아들일 것

이러한 철학적 전환은 단지 철학 내부의 이론 정비를 넘어서, 감염병 대응, 환경 정책, 글로벌 거버넌스 등 실천적 영역에서의 패러다임 전환을 요청한다. 그리고 이것이 바로 팬데믹 시대에 철학이 수행해야 할 공공적 역할이며, 개념공학이 수행하는 핵심 과제이기도 하다.

팬데믹 인식의 틀로서의 이원론 비판: 미시/거시의 간극과 그 윤리적 결과

앞서 살펴보았듯이, 코로나19 팬데믹은 우리에게 세계

를 인식하는 기존의 틀이 얼마나 인간 중심적이고 이분법적인가를 적나라하게 드러내 주었다. 특히 팬데믹은 우리가 일상적으로 사용하는 구분, 예컨대 미시/거시, 인간/동물, 인간/환경이라는 이원론적 인식 구조가 감염병 대응에서 오히려 방해 요인으로 작용할 수 있음을 드러냈다. 이는 단지 이론적 문제가 아니라, 실질적이고 윤리적인 함의를 동반하는 인식의 문제다.

첫 번째 구분인 미시/거시 세계라는 인식론적인 구분을 보자. 우리는 보통 바이러스를 눈에 보이지 않는 미시 세계의 존재로 간주하고, 육안으로 확인할 수 없기 때문에 통제하기 어렵다고 생각한다. 그에 따라 바이러스는 과학자나 전문가들이 실험실 안에서나 다룰 수 있는 존재로 여긴다. 반면 거시 세계, 곧 우리가 육안으로 확인할 수 있는 세계는 우리가 통제할 수 있다고 생각한다. 통제하기 위해서는 나쁜 결과를 야기하는 행위에 의도를 귀속시키게 된다. 의도를 귀속시켜야 책임을 물을 수 있기 때문이다. 육안으로 볼 수 있는 그런 일상 세계에서 인간의 행위는 자율적이고 통제 가능하다는 전제를 깔게 된다. 미시/거시의 이분법적 인식은 팬데믹 상황에서 책임을 개인을 특정해서 그에게 귀속시키는 방식으로 작동하게 된다. 바이러스 전파가 인간의 '의도적' 행위로 치환되는 것이다.

그 대표적인 사례가 '슈퍼전파자'라는 개념이다. 우리는 팬데믹 기간 동안 감염자들을 수동적인 바이러스의 숙주로 이해하기보다는, 바이러스를 '능동적으로 옮긴 자'로 상정했다. 여기에는 인간 행위는 자율적이며, 감염을 일으키는 인간의 행위는 통제 가능하다는 암묵적 가정이 깔려 있다. 그러나 실제로는 어느 개인도 일상생활에서 감염이나 전파의 경로를 완전히 통제할 수 없으며, 바이러스의 전파는 비의도적이며, 이른바 '무증상 감염'에서 보듯이 종종 무자각적이다.

그럼에도 우리는 감염 사실을 미시적 생물학적 작동에서 발생한 사건으로 이해하기보다는, 거시적 사회세계에서 특정 주체가 '행위'를 통해 '결과'를 야기한 것으로 이해하고자 한다. 그리고 이 행위에는 책임이 따르며, 책임에는 비난이 수반된다는 규범적 전제가 거의 즉각적으로 작동한다. 이로 인해 감염자는 낙인과 비난의 대상이 되었고, 그러한 사실이 사회적으로 인식됨으로써 감염 사실을 숨기게 되는 역효과가 발생하였다. 이는 방역을 어렵게 하고 실질적인 실패로 이어지게 한다.

여기서 중요한 철학적 지점은, 미시/거시 세계라는 개념적 구분은 단지 인식론적인 틀이 아니라 '행위'에 대한 가치평가적 해석을 결정짓는 규범적인 틀로 기능한다는 것이다. 미시/거시의 구분에 입각해서 감염 행위를 능동적이고 책임 있는 행위로 기술하는 순간, 감염자에 대한 윤리적 비난이 정당화되고 사회적 낙인이 자연스럽게 인정되는 것이다. 이는 결국 팬데믹 대응의 실효성마저 위협하게 되는 것이다.

요컨대 문제는 바이러스에 대한 인식 그 자체가 아니라, 바이러스가 어떤 개념적 틀 속에서 의미화되고 서술되는가의 문제다. 다시 말해, 팬데믹 대응에서의 윤리적·정치적 실패는 실상 개념공학적 실패인 셈이다. 우리는 세계를 구성하는 방식, 감염을 이해하는 방식, 그리고 책임을 할당하는 방식에 작용하는 개념적 전제를 비판적으로 검토하고 재설계할 필요가 있다.

이러한 재설계의 출발점이 바로 세계는 본래 관계적이고 연동적인 것이라는 존재론 – 인식론적 통찰이다. 그리고 이를 실천적으로 구현하는 패러다임이 '하나의 건강'이라는 점은 앞서 논의한 바와 같다.

팬데믹 인식의 틀로서의 가치론적 구분: 인간/비인간 이분법과 도구적 세계관의 위험

앞서 우리는 미시/거시의 인식론적 구분이 감염의 실제 발생 양상과 책임 귀속 간의 간극을 야기하고, 그로 인해 감염자의 낙인과 비난이 어떻게 강화되는지를 분석하였다. 이제 우리는 팬데믹 상황에서 더욱 심층적으로 작동하는 또 다른 구분, 즉 인간/비인간이라는 가치론적 이분법을 비판적으로 검토할 필요가 있다.

우리는 보통 세계를 '인간'과 '인간이 아닌 것들' 즉 비인간 동물, 자연환경, 무생물 등으로 구분하는 데 익숙하다. 이 구분은 단지 존재론적 차원의 분류가 아니다. 그것은 매우 강한 가치의 위계를 수반하는 도식으로 기능한다. 즉, 인간은 본질적으로 우월하고 중심에 있으며, 비인간 존재자들은 인간의 생존과 발전을 위한 수단으로 간주된다. 여기에는 인간의 이익을 위해 비인간 존재를 마음대로 조작하고 활용해도 된다는 암묵적 전제가 작동하고 있다.

이러한 가치론적 구조는 코로나19 팬데믹과 깊은 관련이 있다. 바이러스의 기원으로 지목된 중국 우한의 동물 거래 시장은, 동물을 윤리적 타자로 보지 않고, 단지 식용이나 약용을 위한 자원(resource)으로 간주한 사고방식의 결과물이다. 이는 특정 문화에만 국한된 문제가 아니라, 전 지구적 차원의 인간중심주의적 생명관이 초래한 구조적 문제이다.

또한, 인간의 이익을 중심으로 사고하는 이 패러다임은 환경에 대해서도 유사하게 작동한다. 환경은 '보호'나 '존중'의 대상이 아니라, '개발'과 '이용'의 대상으로만 이해된다. 그러나 자연환경의 무분별한 파괴는 야생동물의 서식지를 침범하고, 그 결과로 인수공통감염병(zoonosis)의 발생 가능성을 현저히 높인다. 인간, 동물, 환경 사이의 경계가 구조적으로 침해되면서 바이러스의 새로운 숙주를 향한 이동 가능성이 확대되는 것이다.

이처럼 인간/비인간의 이분법은 단지 개념적 구분의 문제가 아니라 현실에서 작동하는 즉 실천적이고 감염적이며 파괴적인 결과를 낳는 윤리적 구조로 작동한다. 팬데믹은 이러한 구조를 가시화했을 뿐만 아니라, 그 구조 자체의 지속 가능성에 근본적인 의문을 던졌다. 여기서 필요한 것은 단지 '비인간 존재자들도 존중하자'는 도덕적 선의가 아니다. 우리는 존재론적 수준에서 세계가 인간 중심적으로 조직되어 있다는 기본 전제를 해체해야 하며, 그 대신 모든 생명체가 서로 영향을 주고받는 연결적 실재라는 인식을 기반으로 한 새로운 윤리적 틀을 구축해야 한다.

이러한 관점에서 '하나의 건강'은 단순한 보건 패러다임이 아니라 존재론-가치론의 패러다임 전환을 요청하는 개념공학적 모델이다. 인간과 동물, 인간과 환경이 동등하게 질병의 원인이자 해결의 주체로 존재한다는 점을 인정할 때에만, 팬데믹 이후의 세계에서 지속 가능한 규범적인 구조를 구축할 수 있다. 요컨대 인간/비인간이라는 가치론적 이분법을 그대로 유지하는 한, 우리는 팬데믹의 반복을 피할 수 없다. 문제는 바이러스가 아니라, 바이러스를 가능하게 만든 인간 중심적 세계관이다.

팬데믹은 '연결됨'을 드러낸다: 구분이 아니라 관계의 사태

코로나19 팬데믹은 단지 공중보건 위기를 넘어서, 세계의 존재론적 구조를 다시 사유하게 만든 사건이다. 그것은 무엇보다도 '연결됨(connectivity)'이라는 특성을 전면에 부각시킨다. 세계는 고립된 개체들의 총합이 아니라 관계적 존재들 간의 상호작용 속에서 드러나는 실재라는 사실을 팬데믹은 가시화한 것이다. 이는 존재론적 사건으로서의 팬데믹에 대한 철학적 해석이자, 인간중심주의를 넘어서는 개념공학적 재구성의 핵심 출발점이기도 하다. 이 '연결성'에 대해서 좀 더 살펴보자.

첫째, 바이러스의 사건은 '경계 없음'의 사건이다. 팬데믹은 우리가 육안으로 관찰할 수 없는 미시 세계에서의 사건이 거시 세계에서의 실질적인 삶의 조건과 규범적 행위를 결정짓는 방식으로 작동함을 보여주었다. 예컨대, 보이지 않는 비말 속 바이러스는 우리가 마스크를 벗는 행위 하나만으로도 타인에게 위해를 가할 수 있게 만든다. 즉, 비가시적인 작용이 가시적인 결과를 낳는 이음매 없는 사건, 그 연결의 연쇄가 바로 감염병의 본질이다. 이 연결성은 단순한 인과관계를 넘어서, '감응'의 네트워크로 이해되어야 한다. 바이러스는 인간의 몸속에 들어올 때는 병리적 침입자로 간주되지만, 그 이전에는 공기, 침, 피부, 옷, 거리, 계절 등과 물리적으로 접속되어 있다. 인간과 환경의 경계, 내부와 외부의 경계는 바이러스에게 무의미하다. 바이러스는 인간의 시각에서 의미화된 공간이 아닌, 연결 가능성과 감염 경로의 네트워크 속에서 움직인다. 우리는 이러한 존재론적 사실에 기초해 감염을 해석해야 한다.

둘째, 동물 윤리학이나 생명권 이론에서는 오랫동안 인간과 동물의 동등성을 강조해 왔다. 그러나 실천적 삶의 장에서는 여전히 인간/비인간 동물이라는 구분이 가치 위계를 작동시킨다. 동물은 식용, 실험, 유흥 등의 수단으로 대상화되고, 그러한 인식은 중국 우한의 야생동물 시장에서 발생한 것과 같은 인수공통감염병의 출현을 구조적으로 가능하게 만든다. 팬데믹은 단지 윤리적 권리의 문제 이전에, 인간과 동물이 감염의 연속성 속에 있는 생물학적 존재이며, 유전적으로도 공통된 숙주로서의 구조를 지닌다는 사실을 드러냈다. 이 연속성은 바이러스를 매개로 실현되며, 바이러스는 인간과 동물 사이를 자유롭게 넘나든다. 따라서 동물의 건강과 권리는 인간의 건강과 직접적으로 연결된 윤리적·정치적 쟁점으로 부상한다.

셋째, 환경은 '외부'가 아니라 '상호침투성'이다. 우리는 흔히 인간을 중심에 두고, 그 바깥에 자연환경이 존재한다고 생각한다. 그리고 이 '환경'은 인간의 복지와 생존을 위한 외재적 조건으로 간주된다. 그러나 바이러스의 관점에서 볼 때, 인간의 내부와 외부의 구분은 임의적일 뿐이다. 바이러스는 공기 중 비말에 실려 이동하다가, 인간의 호흡기로 들어와 감염을 유발하며, 다시 신체 바깥으로 나가 다른 숙주를 찾는다. 바이러스에게 인간의 신체는 '환경'이고, 인간의 생활공간은 단지 또 다른 정거장일 뿐이다. 이것은 철학적으로 매우 중요한 함의를 지닌다. 우리는 팬데믹을 통해 인간의 신체와 환경 사이에 명확한 경계를 그으려는 시도가 얼마나 자의적이고 무력한 것인지 체험했다. 바이러스는 인간이라는 실체 안에 '침입하는 것'이 아니라, 인간이 원래부터 환경과 상호침투적 관계를 맺고 있다는 사실을 드러내 주는 표지판이자 지시자인 것이다.

개념공학적 제안: 세계의 존재론적 본질에 기반한 행위지도 원리

이처럼 미시/거시, 인간/동물, 인간/환경이라는 이분법은 감염병이라는 관계적 사태를 설명하거나 예방하는 데 실질적인 기여를 하지 못할 뿐 아니라, 오히려 낙인, 감염 사실 은폐, 방역 장애, 책임 전가 등의 메커니즘을 강화하는 효과를 낳았다. 따라서 우리는 이러한 인식적이고 가치적인 구분 자체를 해체하고, 세계의 연결적이고 관계적인 존재론을 기반으로 한 행위지도(action guiding) 원리로 '연결성'을 재설계해야 한다. 그 실천적 표현이 바로 '하나의 건강'이다. 이 패러다임은 건강을 인간 개체의 속성으로 보지 않고, 인간·동물·환경의 상호작용 속에서 형성되는 관계적 건강 상태로 이해한다. 이 개념은 단지 보건 행정의 수단이 아니라, 감염병의 철학적 이해를 관통하는 새로운 존재론적·윤리적 토대를 제시한다.

요컨대 팬데믹은 '세계란 연결된 그물망'이라는 사실을 드러냈고, 우리는 그 세계를 구성하는 인식틀과 윤리 구조를 재설계해야 한다. 이 재설계 작업이 바로 감염병 시대에 철학이 수행해야 할 개념공학적 실천이며, 그 핵심은 구분에서 관계로, 실체에서 감응으로, 중심에서 연결로의 전환이다.

하나의 건강(One Health): 팬데믹을 위한 새로운 지도 원리

팬데믹이라는 재난에 대응할 계획을 세울 때, 우리를 지도해 주는 핵심 개념이나 원칙은 무엇인가?라는 물음에 우리는 기존의 분절된 건강 개념으로는 충분히 답할 수 없다. 코로나19는 건강이라는 개념 자체가 전면적으로 다시 사유되어야 함을 강력히 요청했다. 단지 인간의 생리적 무병 상태를 의미하는 전통적 건강 개념은 팬데믹과 같은 다중 종

적(multi-species), 다중 차원적(multi-dimensional), 다중 시간
적(multi-temporal) 위기를 설명하지 못한다. 이에 따라 '하나
의 건강'이라는 개념이 새로운 패러다임으로 부상하게 되었
다. 이 개념은 더 이상 건강을 개체 내부의, 종제한적인, 국
지적인 상태로 간주해서는 안 되며, 관계, 소통, 예측이라는
세 가지 축을 따라 인간, 동물, 환경이 구성하는 상호작용의
체계로 이해해야 한다는 것이다. 필자는 '하나의 건강'을 관
계적 건강, 소통적 건강, 예측적 건강이라는 세 축으로 정리
하고 '하나의 건강'의 존재론, 윤리학, 보건정책을 통합하는
구조로 제시하고자 한다.

① 관계적 건강(Relational Health): 건강은 경계 바깥에서 시작된다

그동안 건강은 국경과 민족의 경계와 함께 사유되어 왔
다. '국민 건강'이라는 개념은 통계적 추계나 의료 체계 설계
에는 유용했지만, 그 경계 너머로부터 발생하는 위기에 대해
서는 대응 능력을 갖추지 못했다. 그러나 코로나19 팬데믹
은 건강이 본질적으로 국지적인 것이 아니라, 관계적이고 교
차적인 것임을 극명하게 보여주었다.

상상해 보자. 2028년 어느 한 지역에서 감염병이 발생한

다고 가정할 때, 그 감염병은 그 지역만의 문제가 아닐 것이다. 현대 사회의 고도화된 교통망, 상호의존적인 공급망, 정치경제적 교류 속에서 병원체의 확산은 필연적으로 경계를 초과한다. 그럼에도 지난 코로나19 팬데믹에서 기존의 건강 패러다임은 '국경봉쇄(shutdown)'와 같은 방어적 조치를 취했다. 특히, 그동안 선진 의료체계를 자처해 왔던 이탈리아, 영국, 독일 그리고 미국 등에서 국경봉쇄 전략을 선제적으로 취했지만, 속수무책이었다. 코로나19가 보여준 바는 분명하다. 감염은 방어에만 의존할 수 없으며, 연대와 개입을 통해 해결해야 하는 문제라는 것이다.

관계적 건강은 이러한 상황을 반영하여, 어디서든 건강 위기가 발생하면 그것이 곧 우리의 건강 위기가 될 수 있다는 인식 전환을 요구한다. 따라서 미래 팬데믹에 대비하려면, 감염병 발생 지역에 선제적 방역 의료진을 파견하고, 국제적 지원 시스템을 통해 그 지역사회가 인간다운 삶을 유지할 수 있도록 조력해야 한다. 건강은 더 이상 나의 문제만이 아니라, '관계망 속에서 유지되고 구성되는 상태'라는 관점이 요구된다.

② 소통적 건강(Communicative Health): 다종간의 상호이해와 예방의 윤리

전통적으로 '건강'은 말하지 않아도 인간의 건강을 의미했다. 그러나 인수공통감염병으로 인한 팬데믹을 겪으며, 우리는 건강의 주체가 인간만이 아니며, 동물과 환경도 동시에 고려되어야 하는 윤리적 주체임을 자각하게 되었다. 그러나 이것은 단순히 인간이 동물이나 환경을 '보호'해야 한다는 종래의 시혜적 관점과는 다르다. 중요한 것은 동물과 환경이 인간과 '건강을 구성하는 공동체'라는 점이며, 인간의 건강이란 다른 존재들과의 지속적 상호작용, 곧 소통 속에서만 유지될 수 있는 것이라는 인식이다. 이를 '소통적 건강'이라고 부를 수 있다.

이 소통은 공간적으로 동시대의 타 존재들뿐 아니라 시간적으로도 전 지구적이고 비가시적인 영역에까지 확대된다. 예컨대 기후변화로 인해 극지방의 빙하가 녹으면서 수천 년 전 멸종한 병원체들이 다시 활성화될 가능성이 제기되고 있다.[21] 소통적 건강은 과거와 현재, 인간과 비인간, 지역과 지구를 관통하는 통시적·공시적 윤리적 책임성을 포함한다.

③ 예측적 건강(Anticipatory Health): 불확실성의 시대를 위한 미래지향적 패러다임

팬데믹의 가장 위험한 속성 중 하나는 불확실성이다. 바이러스의 기원, 확산 경로, 변이 가능성, 치료 가능성 등이 모두 예측 불가능한 조건 속에서 구성된다. 따라서 건강 개념은 단지 현재 상태를 유지하거나 회복하는 것에 머무를 수 없다. 위험을 조기 탐지하고, 연쇄적인 생태−사회적 반응을 예측하며, 장기적 피해를 최소화할 수 있는 체계로 확장되어야 한다. 이를 예측적 건강이라고 부를 수 있다. 이 개념은 질병 발생 이전의 조기 개입, 기후·환경 변화 감시, 다종적 정보 공유 시스템, 시뮬레이션 기반 정책 결정 등을 포함하는 다학제적 체계를 전제한다. 특히 윤리적 차원에서는 예측적 건강이 '예방적 정의(preventive justice)'의 원칙과 결합되어야 하는 것이 중요하다. 즉, 발생한 피해를 사후 보상하는 것이 아니라, 구조적 불평등과 생태 취약성을 사전에 완화하여 예방 가능한 위기를 최소화하는 공정한 질서가 설계

---

21. 소빙하기(Little Ice Age) 시기의 기후변화는 가령, 고려말부터 조선 숙종조 시기의 전염병이나 중세 유럽의 페스트 등이 창궐하는 계기가 되었다고 한다. 김명자, "기후변화와 팬데믹의 복합위기, 돌파구는 있는가?", 『철학과 현실』, 2020 참조.

되어야 한다.

④ 결론: '하나의 건강'은 새로운 존재론적·윤리적 사유를 요구한다.

요컨대 관계적 건강, "소통적 건강, 예측적 건강이라는 세 가지 건강 개념은 전통적이고 분할적인 건강 이해, 곧 '분파적 건강(partial health)' 개념을 넘어선다. 이들 모두는 결국 '하나의 건강'이라는 통합된 패러다임으로 수렴되며, 이는 단지 감염병 대응 전략이 아니라 세계에 대한 존재론적 인식, 윤리적 책임, 보건정책 등의 설계 원리를 아우르는 철학적 지도 이념이 되어야 한다.

감염성 미생물의 존재는 우리에게 묻는다. 당신은 누구와 연결되어 있는가? 당신의 건강은 누구의 건강과 함께 구성되는가? 이 질문에 대한 철학적 응답이 바로, 지금 이 시기의 감염병 윤리학이 다루어야 할 핵심 과제다.

2) 개인-사회

개념공학적 작업이 적용될 두 번째 영역은 '개인과 사회' 영역이다. 팬데믹은 단지 바이러스에 의한 생물학적 위기가 아니라 우리 사회가 어떻게 구성되어 있으며, 그 구성원들 사이에 어떤 관계를 맺고 있는지에 대한 사회철학적 통찰을 요구한다. 특히 팬데믹 상황은 우리가 그간 무비판적으로 수용해 왔던 '개인과 사회'라는 이분법적 개념틀이 얼마나 취약하고 비효율적인지를 적나라하게 드러냈다.

필자는 이 지점에서 전통 사회학의 대표적 모델들, 즉 에밀 뒤르켐(Émile Durkheim)과 탤컷 파슨스(Talcott Parsons)의 이론을 비판적으로 고찰하고자 한다. 이들은 사회학의 거대한 전통을 대표하지만, 동시에 팬데믹 상황에서 비판적인 거리를 유지해야 할 또는 거부해야 할 패러다임을 상정하기 때문이다.

주류 사회학의 전제: 개인은 사회의 원자?

뒤르켐은 사회를 단순히 개인들의 집합으로 보는 환원주의적 입장을 비판했지만, 역설적으로 그의 이론은 "사회는 개인 외부에 존재하는 실재적 실체(social reality)"라는 강한 존재론적 주장을 내포했다. 그는 『사회분업론』(1893)과 『자살론』(1897)에서 사회를 "개인들로 환원될 수 없는 독립된 사실(social fact)"로 보았으며, 사회는 "그 자체의 법칙에 따라 개인을 형성하고 제약하는 힘"을 가진다고 주장하였다. 즉, 개인은 사회적 제약에 의해 형성되고, 사회는 개인 위에 존재한다는 점에서 '사회 우선'의 입장을 견지하였다.

반면, 파슨스는 좀 더 조화로운 구조기능주의 체계를 제시했다. 그는 『사회체계』(1951)에서 사회를 개인의 행위와 역할 기대가 조화롭게 통합되는 체계로 보았으며, 개인은 사회 내에서 주어진 규범적 기능을 수행함으로써 전체의 안정을 도모한다고 보았다. 파슨스는 "사회는 행위자들 간의 상호작용으로 이루어진 시스템이며, 각자의 역할은 시스템의 유지에 기여한다."고 주장했다. 여기서 '개인'은 자율성과 선택의 주체이기보다는 사회질서의 구성 요소로 기능화된 행위자로 제시된다.

이 두 이론은 서로 다른 방향에서 출발하지만 공통적으로 "개인을 사회의 기본 단위로 전제하고, 그 개인은 일정한 규범이나 역할에 따라 사회에 통합된다."는 형식주의적 틀을 공유한다. 이는 마치 자연과학에서 원자가 더 이상 쪼갤 수 없는 기본 입자이듯, 사회에서도 더 이상 나뉘지 않는 단위로서 '개인'을 상정하는 셈이다. 그리고 이처럼 개인을 기본 단위로 설정하는 전통적 사회학은 자유주의 정치철학이나 시장경제의 이론 구조와도 깊게 맞닿아 있다.

개념공학적 문제의식과의 연결

문제는 이러한 전통 사회학의 틀이 팬데믹이라는 전례 없는 상황에서는 더는 설명적, 실천적 유효성을 가지지 못한다는 데 있다. 팬데믹 상황에서 인간은 자율적인 원자적 단위가 아니라 서로를 매개하고 영향을 주고받는 감염의 연루자로 드러난다. 우리는 서로를 감염시키고 감염받는 존재, 즉 관계 속에서 정의되는 존재이며, 이는 바이러스, 마스크, QR코드와 같은 비인간 행위자들과의 상호작용 속에서 구성된다.

이러한 관점은 브뤼노 라투르(Bruno Latour)의 행위자-네트워크 이론(ANT)의 핵심 명제와도 맞닿는다. 라투르는 일반 대칭성 원칙에 의거해서 전통적인 인간-비인간, 주체-객체의 이분법을 거부하고, 인간과 비인간 모두를 행위자(actant)로서 대칭적으로 다뤄야 한다고 주장했다.[22] 감염병 상황은 인간의 행위는 단지 개인의 선택이나 자율성에 의해

---

22. 브뤼노 라투르, 홍성욱 옮김, 『인간·사물·동맹』, 이음, 2010.

서만 형성되지 않는다는 점을 도드라지게 드러내 주었다. 인간의 행위는 마스크, 거리, 뉴스, 냄새, 제도 등 수많은 비인간 요소들과의 네트워크 안에서 성립한다. 요컨대 '개인'이란 실상 비인간 구성 요소들과 함께 형성된 존재, 다시 말해 연결된 존재자(associated actor)인 것이다.

이러한 문제의식에서 개념공학의 역할은 자명하다. '개인'과 '사회'라는 구분이 더 이상 설명적으로나 실천적으로 타당하지 않은 상황에서, 우리는 왜 개인을 사회의 기본 단위로 설정해 왔는가? 팬데믹은 이 '기본 단위'가 적절하지 않음을 어떻게 드러냈는가? 개인과 사회를 이분법적으로 나누는 것이 아니라, 이들을 구성하는 네트워크적 관계와 감염의 구조를 분석하고자 할 때, 어떤 새로운 개념이 필요한가? 등의 개념공학적 질문을 던져야 한다.

'개인-사회 이분법'에 대한 개념공학적 재검토

필자는 이제 주류 사회학이 가정하고 전제해 온 '개인과 사회'의 이분법적 인식틀을 하나의 개념적 도식으로 제시하고, 그것이 팬데믹과 같은 위기상황에서 어떻게 작동 불가능한지 비판적으로 검토하고자 한다.

기준 양상 \ 범주화	자기관련성	타자관련성
학문	개인의 자유	사회의 안전
질병양상	감염	전염
피해양상	자기피해(harm to self)	타인피해(harm to others)
존재양상	개인	사회

위 표는 우리가 팬데믹 이전 일상적 삶에서 거의 무비판적으로 수용해 온 전통적 사회 규범 구조를 보여준다. 이 구조는 사회를 자율적인 개인들의 총합으로 이해하고, 개인은 '자기관련성'을 중심으로 작동하는 존재이며, 사회는 '타자관련성'의 통합된 장으로 기능한다는 이분법적 프레임에 기반한다.

이러한 이분법적 도식은 단지 사회학적 해석틀일 뿐만 아니라, 근대 자유주의 정치철학과 시장경제의 제도 설계 원리와도 깊이 연결된다. 우리는 개인의 자유를 가장 우선적인 가치로 존중하면서, 동시에 사회의 안전이 위협받을 경우에만 제한적으로 이를 조정해야 한다는 암묵적 규범을 받아들여 왔다. 그렇다면 이러한 이분법이 성립하기 위한 전제, 곧 성립조건은 무엇인가?

개인-사회 이분법의 성립조건: 개인의 원자성

개인–사회 이분법이 성립하기 위해 전제되는 핵심 개념은 바로 '개인'이다. 전통적 사회학과 자유주의 철학은 개인을 더 이상 나눌 수 없는 사회적 원자로 상정한다. 그 결과, 피해의 경계 역시 '나'와 '타인'이라는 이분법적 경계를 따라 정의된다. 자기에게 가해지는 피해는 '자기관련성', 타인에게 미치는 피해는 '타자관련성'으로 명확하게 구분된다고 여겨지는 것이다.

그러나 이 구분의 기준은 실상 개인이라는 개념의 형이상학적 본성에 전적으로 의존하고 있다. 다시 말해, 개인이 명확히 경계지어진 자율적 단위라는 믿음이 있어야만, 피해의 귀속과 정당성을 구분할 수 있게 되는 것이다. 이러한 이분법은 평시에는 '자유와 책임'의 구조를 설명하는 데 유효했지만, 팬데믹과 같은 다중 연루적이고 비의도적인 행위가 범람하는 위기 국면에서 자기 책임성과 피해 귀속을 명확히 구분하려는 이분법적 구조는 설명력과 정당성을 상실한다.

자유주의의 규범적 비대칭: 자기피해는 허용되고 타인피해는 금지된다?

이러한 사고틀이 작동하게 된 철학적 배경에는 존 스튜어트 밀(J. S. Mill)의 자유주의 원칙이 자리잡고 있다. 밀은 그의 저서 『자유론』(1859) 1장에서 다음과 같은 유명한 '피해금지원칙(Harm Principle)'[23]을 주장한다.

"자기 자신에게 해를 끼치는 행위는, 타인에게 해를 끼치지 않는 한, 국가나 사회에 의해 제한될 수 없다. 그러나 타인에게 해를 끼치는 행위는 개입의 정당한 근거가 된다."

피해금지 원칙은 자유주의 체제에서 국가 간섭의 최소화를 정당화하는 핵심 원리로 작동해 왔다. 그런데 여기서 밀의 논리는 심층적인 규범적 비대칭을 전제한다. 즉, 동일한

23. Harm Principle은 흔히 '해악금지원칙'으로 번역된다. '해악(害惡)'이란 말은 국어사전에 나와 있듯이 "해로움과 악함을 아우르는 말"로 풀이되기 때문에 첫째, '의도적으로' 상대방에게 나쁜 결과를 야기했다는 의미를 강하게 담고 있다. 또는 둘째, '그른 또는 부당한 또는 불법적인 방식으로' 상대방의 이익을 저하시켰다는 의미로도 해석된다. 그런데 팬데믹 상황을 전제로 필자는 그 두 가지 의미보다 더 넓게 사용하기 위해서 해악이 아닌 피해라는 용어를 선택하고, '피해금지원칙(Damage Prohibition Principle)'을 제시하고자 한다. 나는 상대방에게 의도치 않게 피해를 입힐 수 있으며, 명백히 그르지않은 방식으로도 피해를 입힐 수 있는 것이다. 이러한 직관을 담아내기 위해서 피해라는 말을 사용하고자 한다.

피해라도 그것이 자기 자신에게 미치는 경우에는 '허용 가능한 자율성'으로 간주되며, 타인에게 미치는 경우에는 '정당한 개입의 근거'로 규정된다. 이 논리의 전제는, 개인이 자신의 피해를 감수할 자율적 존재이자, 타인의 권리를 침해해서는 안 되는 도덕적 행위자라는 이중적 역할을 맡고 있다는 점이다.

이와 같은 비대칭적 구조는 평상시에는 자유주의 윤리를 지탱하는 강력한 논리처럼 보일 수 있다. 그러나 팬데믹 상황에서는 '자기피해'와 '타인피해' 사이의 경계가 무너지며, 모든 행위가 연결망 속의 감염 경로로 작동하게 된다. 즉, 마스크를 쓰지 않는 것은 자기결정의 문제가 아니라, 타인에게도 영향을 주는 행위이며, 이때 자기와 타인을 구분하는 이분법은 더는 통용되지 않는 것이다.

개인과 사회의 이분법에 기반한 자기피해와 타인피해의 구분은, 질병 영역에서는 '감염(infection)'과 '전염(transmission)'의 이항 구도로 전이된다. 감염은 개인 내부에서 발생한 생리학적 변화로, 전염은 그 변화가 타인에게 옮겨지는 외부적 파급으로 이해된다. 이 구분은 개인을 자율적이고 경계지어진 존재로 상정하는 자유주의적 관점에 기초하며, 행위의 피해 귀속과 윤리적 책임을 '자기관련성'과 '타자관련성'의 프레임으로 분류한다.

이와 관련하여 필자는 기존 자유주의 논의에서 흔히 사용되는 '해악금지원칙(Harm Principle)' 대신, 보다 강력한 기준인 '피해금지원칙(Damage Prohibition Principle)'을 제시한다. (주의할 점은 해악금지원칙과 마찬가지로, 필자가 피해금지원칙을 제시하는 것은 이 원칙을 옹호하기 위해서가 아니라 비판하기 위해서라는 점이다.) 즉, 행위자의 의도 유무와 관계없이, 타인에게 감염의 피해를 유발할 가능성이 있는 행위라면, 그것이 생물학적으로 불가피한 행위라 하더라도 사회적으로는 제한 혹은 조정되어야 한다는 것이다. 이는 특히 재채기와 같은 생물학적 반응조차 공공장소에서는 윤리적 판단의 대상이 될 수 있음을 함의한다.

또한, 개인과 사회의 이분법이 자유주의 정치체계 내에서 제도화되면, '개인의 자유'와 '사회의 안전'이라는 두 규범적 가치가 이항대립적 구조를 형성한다. 이 구도에서는 개인의 자유가 증대될수록 사회의 안전은 위협받고, 반대로 사회의 안전을 확보하기 위해 개인의 자유는 제한되어야 한다는 상충 논리가 지배한다.

하지만 앞서 '세계'의 영역에서도 살펴보았듯이, '개인과 사회'의 영역 역시 팬데믹 상황에서는 이러한 이분법이 더 이상 유효하게 작동하지 않는다. 바이러스는 인간의 정치적 권리 개념이나 사회적 규범을 고려하지 않는다. 생물학적 작동원리에 따라 감염은 자기피해와 타인피해를 구분하지 않으며, 감염과 전염의 경계도 바이러스에게는 무의미하다.

결국 '자기관련성'과 '타자관련성'이라는 범주 자체가 바이러스의 확산이라는 비선형적이고 다층적인 네트워크 현상을 설명하기에는 부적절하다. 질병과 전염, 자기피해와 타인피해, 자유와 안전 등으로 구성된 이분법적 개념틀은 팬데믹과 같은 감염병 위기 상황에서 사회적 책임과 윤리적 행위의 조율을 방해하는 추상적 구분에 불과하다. 바이러스의 관점이란 것이 있다면, 그것은 일종의 우주적 관점이라고 해야 할 것이다. 우주적 관점에서는 인간의 생명도 다른 동물의 생명과 가치적으로 구분되지 않는다. 이 관점에서 감염이란 특정 개체의 자율적 행위가 아니며 환경, 접촉, 물질적 매개와 같은 관계의 산물인 것이다. 즉 '누군가가 옮긴 것'이 아니라 '무엇이 어디를 통해 연결되는가'이다. 요컨대 이분법적 인식틀은 팬데믹을 이해하고 대응하는 데 있어 개념적

으로 부정확하며, 윤리적으로 비생산적이다.[24][25]

개념의 오염: 슈퍼전파자와 확진자라는 두터운 용어

팬데믹 기간 동안 '슈퍼전파자'라는 용어는 한국 언론뿐 아니라 글로벌 보건 담론에서도 반복적으로 등장하였다. 이 용어는 표면적으로는 바이러스 전파에 기여한 감염자 중에서 전파력이 비정상적으로 높은 사례를 지칭하는, 단지 사실을 기술하는 개념, 즉 '간명한 개념(thin concept)'으로 기능한다. 즉, 전염 역학적으로 통계적으로 두드러진 감염 경로를 지칭하는 사실 기술적(descriptive) 명칭처럼 보인다.

그러나 실제 사회적 문맥 속에서 이 용어는 특정한 가치 판단(evaluation)도 암묵적으로 담지하는 '두터운 개념(thick concept)'으로 작동한다. 예컨대 한국에서 '31번 환자'로 불린 사례는 감염병 전파에 대한 과학적 설명을 넘어서, 윤리적 비난과 정서적 낙인의 기제로 변질되었다. 감염 사실 자

---

24. 현대 의학(그러니까 우리의 경우에 한의학이 아닌 양의학)의 질병분류에 따르면, 사회학적 관점에서의 '감염병'과 대등한 것으로 실재하는 '전염병'이란 것은 존재하지 않는다. 전염성 감염병(communicable infectious disease)과 비전염성 감염병(non-communicable infectious disease)이 있을 뿐이다.

25. Emma Cave, "COVID-19 Super-spreaders: Definitional Quandaries and Implications, Asian Bioeth Rev", 2020 Jun; 12(2): 235-242.

체는 생물학적 사건이지만, '슈퍼전파자'라는 명명은 그 사건을 의도적 행위의 결과로 오인하게 만들고, 감염자를 책임의 주체로 지목하게 만드는 것이다.

이러한 개념의 오염은 자유주의적 인식틀, 즉 자기관련성 대 타자관련성이라는 이분법에 깊이 뿌리박고 있다. 감염을 '타인에게 피해를 준 행위'로 구성하는 프레임 안에서는, 전파력이 크다는 사실만으로도 윤리적 비난이 가능하다는 믿음이 작동한다. 하지만 앞서 보았듯이 감염은 네트워크의 효과이며, 다수의 비의도적·비자율적 요인이 결합된 결과이지, 단일 개인의 선택적 행위가 아니다. 그럼에도 불구하고 '슈퍼전파자'라는 말은 감염을 의도성 있는 전파 행위로 오인하게 하며, 감염자를 비난과 혐오의 대상으로 만든다.

유사한 문제는 '확진자'라는 용어에서도 반복된다. 본래 이 개념은 감염의 존재 여부를 진단을 통해 확정한 결과를 지칭하는 기술적 용어이다. 하지만 '확진자'는 팬데믹 시기 공중의 의식 속에서 단순한 질병 상태가 아닌, 위협적 존재, 통제의 대상, 공적 안전을 위협하는 존재로 의미화되었다. 이로 인해 확진자는 단지 치료와 돌봄이 필요한 환자이기보다, 관리되고 추적되어야 할 사회적 위험으로 재구성된다. 이는 곧 감염 사실을 숨기게 만들고, 자발적 신고와 투명한 감염 정보 제공을 저해하는 악순환을 유발한다.

요컨대 '슈퍼전파자'와 '확진자'는 모두 간명한 개념이 사회적 유통 과정에서 '두터운 개념'으로 변형되며, 사실과 가치가 구별되지 않은 방식으로 혼재된 개념적 장치로 기능하고 있다. 이로 인해 팬데믹 대응의 커뮤니케이션 윤리는 심각한 도전을 받는다. 공중보건의 언어는 결코 중립적이지 않으며, 정책 효과뿐 아니라 시민 간의 신뢰와 공동체 윤리에도 영향을 미친다.

따라서 우리는 단지 정보의 전달이 아닌, 개념의 윤리적 설계라는 관점에서 팬데믹 커뮤니케이션을 재구성해야 한다. 사실을 전달하되 낙인을 피할 수 있는 용어, 위험을 지시하되 인격을 보호할 수 있는 표현, 행위를 기술하되 비난을 지양할 수 있는 프레임이 요청된다. 이것이 바로 팬데믹 철학이 수행해야 할 개념공학적 개입의 핵심이다.

그런데 위에서 언급한 문제는 단지 질병양상과 피해양상에 국한된 이분법의 오류에 그치지 않는다. 팬데믹 상황에서 보다 근본적으로 문제 삼아야 할 것은 이 모든 구분을 가능하게 만드는 '개인'이라는 개념 자체의 성격과 기능이다. 인간 존재를 자율적이고 독립적인 행위 단위로 고정하고, 그 단위를 중심으로 책임과 처벌을 배분하는 구조는 근대 이후 형성된 특정한 도덕적–법적 인간 모델에 의존하고 있다. 이 모델에서 '개인'은 자유의 주체이자 동시에 책임의 수취인이며, 윤리적·법적 기제를 정당화하는 중심축으로 기능해 왔다.

그러나 팬데믹은 이와 같은 개인 개념이 단지 존재론적 실재라기보다는, 비난과 책임을 가능하게 만들기 위한 분배 장치로 작동해 왔음을 드러낸다. 다시 말해, '개인'은 자연적 실체가 아니라, 사회적 작동을 위한 발명품이자 기표에 가깝다. 바이러스는 특정한 개인을 가려 전파되지 않으며, 감염은 수많은 접촉과 물질적 조건, 사회적 구조, 생물학적 특성의 결합에서 발생한다. 그럼에도 불구하고 우리는 습관적으로 감염의 결과를 특정 개인의 행위로 환원하고, 그를 책임과 처벌의 대상으로 호출한다.

이러한 '개인의 소환'은 우연한 일이 아니다. 철학자이자 푸코 이후의 정치철학자들이 강조했듯이, 개인은 근대 권력의 산물이자 효과이다. 권력은 법과 제도를 통해 억압하는 방식만이 아니라, 행위자, 자아, 주체라는 이름으로 대상들을 생성하고 그들에게 규범적 요구를 투사함으로써 작동한다. 팬데믹 상황에서 '슈퍼전파자'라는 명명은 단순히 정보를 분류하기 위한 것이 아니라, 감염이라는 복잡한 현상을 사회적·도덕적 책임으로 환원하고 귀속시키기 위한 권력의 언어적 장치였다. 같은 맥락에서 '확진자' 또한 생물학적 진단 결과 이상으로, 사회적 정체성을 부여하는 명명 행위였으며, 공적 시선과 감시의 대상으로 개인을 지정하는 언어적 호출이었다.

요컨대 팬데믹의 위기는 단지 방역정책이나 보건기술의 한계가 아니라, 인간 이해에 기반한 규범적 체계 전체에 대한 도전이었다. 그리고 그 중심에는 '책임질 수 있는 단일 주체'로서의 개인 개념이 자리하고 있었다. 우리는 이제 이 개념의 전제를 검토하고, 책임의 구조 자체를 재설계할 시점에 도달한 것이다.

3) 인간

개념공학이 개입해야 할 세 번째 철학적 핵심 영역은 바로 '인간(human being)'이다. 팬데믹은 인간에 대한 오랜 자기 이해를 근본적으로 흔들었으며, 감염병의 위기는 단순한 생물학적 사건이 아니라 인간 존재론 자체를 다시 규정하게 한다. 이 지점에서 제기되는 근본적인 물음은 다음과 같다. 우리는 누구인가? 인간이란 무엇인가? 팬데믹은 이러한 존재론적 질문을 위생학이나 역학이 아니라 철학이 먼저 숙고해야 할 과제로 던지고 있다.

주지하다시피, 이제 지구상에는 단 하나의 인간만이 존재한다. 호모 에렉투스, 호모 하빌리스, 호모 네안데르탈렌시스 등 호모 속(屬)에 속했던 적어도 24종의 다른 인류들은 이미 멸종했기 때문이다.[26] 인류 진화의 역사에서 유일하게 살아남은 ('현명한 인간'인) 호모 사피엔스는 기술과 문화의 발달 속에서 자신을 ('도구의 인간'인) 호모 파베르, ('유희의 인간' 인) 호모 루덴스, ('문법의 인간'인) 호모 그라마티쿠스 등 다양하게 규정하면서 자신의 본성을 풍부하게 표현해왔다. 그러나 이 모든 규정은 하나의 전제를 암묵적으로 공유하고 있었다. 바로 인간이 독립적 주체이며, 세계를 통제하고, 사회를 구성하며, 가치를 판단하는 현명한 자로서의 호모 사피엔스라는 인간관이다.

---

26. 〈사라진 인류: 1부 멸종〉, EBS 다큐멘터리, 2017.

코로나19 팬데믹은 이러한 호모 사피엔스의 신화를 전면적으로 해체하였다. 팬데믹은 인간이 언제나 타자와 환경 속에서 살아가는 감염 가능하고 감염을 매개하는 존재라는 점을 극적으로 드러내 주었다. 인간은 독립적 주체가 아니라 바이러스, 미생물, 타자, 거리, 공기, 마스크, 언어와 끊임없이 상호작용하며, 이들에 의해 영향을 받고 영향을 주는 감염적 존재자였다. 이러한 존재방식에 주목하여, 나는 인간을 새롭게 '호모 인펙티부스(Homo Infectivus)', 즉 감염적 존재로 재정의할 것을 제안한다.[27]

감염적 존재로서의 연대: 생물학적 연결에서 사회적 책임으로

감염이란 단지 병원체가 몸에 침입하는 사건이 아니다.

---

27. 물론 감염은 부정적인 측면만을 가지고 있는 것이 아니다. 오히려 지금처럼 생물종이 풍부한 지구 환경이 조성될 수 있었던 까닭은 바이러스의 엄청난 감염활동 덕분이라고 해야 할 것이다. 가령, 바다에는 엄청난 수의 세균이 살고 있다. 그런데 세균은 증식 속도가 광장히 빨라서 조건만 맞으면 20분마다 개체 수를 두 배로 늘릴 수 있다. 계산상 24시간 동안 한 마리 세균은 2의 72승으로 폭발적으로 증식할 수 있다. 세균에 침투하여 이런 증식을 막음으로써 해양 생태계의 항상성을 유지시켜 주는 것이 바로 바이러스이다. 바이러스는 규모 면에서도 상상을 초월하는데, 전체 대양에 있는 바이러스의 수는 10의 30승에 달한다. 만약 이 바이러스를 모두 모아서 목걸이를 만든다면, 그 지름은 우리 은하 지름의 8배가 될 정도라고 한다. 또한, 바이러스 중 레트로바이러스(Retrovirus)는 우리처럼 태반을 가진 포유류의 등장을 가능하게 해주었는데, 기생생명체인, 따라서 면역반응의 대상인 태아와 모체와의 세포융합을 가능하게 해준 바이러스가 바로 레트로바이러스이다. 한마디로 말해서, 바이러스에 의한 감염이 없었다면 지금과 같은 진화는 불가능한 것이다. EBS 다큐프라임, 〈포스트 코로나 4부 '바이러스 인간'〉, 2020.

그것은 유기체들 사이에 일어나는 생물학적 소통의 한 양식이며, 인간이 결코 고립된 존재가 아니라는 사실을 드러내는 실존적 지표이다. 생식이 유전물질의 수직적 이동(vertical transmission)이라면, 전염은 생체물질의 수평적 공유(horizontal communication)이다. 코로나19 팬데믹은 인간이 살아 있는 한, 타자와 끊임없이 물질을 주고받으며, 감염 가능성과 전염 유발성이라는 운명을 공유하는 존재임을 극적으로 증명하였다.

이러한 생물학적 조건은 인간종 전체에 보편적 연결과 상호침투성을 부여한다. 우리는 이미 신체 차원에서 하나의 운명공동체를 형성하고 있으며, 감염을 계기로 생물학적 연대성(biological solidarity)이 일시적으로 현실화된 것이다. 유사 이래, 이처럼 지구의 모든 인류가 하나의 동일한 윤리적인 실천적 목표, 즉 감염확산방지를 위해 행동한 적은 없었다. 동서양, 남북, 빈부, 인종, 민족, 성별, 연령이라는 기존의 모든 분절적 구분은 신종 바이러스라는 공통의 위협 앞에서 일시적으로 무력화되었고, 인간은 하나의 감염적 종(種)으로서 역사상 유례없는 통합적 행동을 보였다.

그러나 중요한 것은 이 생물학적 연대성이 지속 가능한

사회적 연대성(social solidarity)으로 전환될 수 있는가의 문제이다. 바이러스는 우리를 물리적으로 하나로 연결해 주었지만, 사회는 여전히 타자를 배제하고 낙인찍는 언어와 제도로 작동하고 있다. 감염자, 확진자, 슈퍼전파자라는 명명은 감염이라는 생물학적 사건에 도덕적 비난과 책임의 프레임을 덧씌운다. 그 결과, 감염자는 단순히 병에 걸린 존재가 아니라 비난받아야 할 존재, 통제되어야 할 위험, 격리되어야 할 타자로 전락한다. 이것은 단순히 언어의 문제가 아니라 윤리적 상상력의 한계이자, 정치적 책임 귀속의 왜곡이다. 감염이라는 현상이 개인의 의도와 무관하게 발생할 수 있는 상황에서도 우리는 여전히 근대적 자율적 개인 개념에 근거해 책임을 묻고 배제하고 처벌하고 있다. 그렇다면 지금 우리에게 필요한 것은 무엇인가? 그것은 바로 다음의 윤리적 요청이다. "생물학적 연대성을 사회적 연대성으로 전환하라."

감염은 인간의 조건이다. 감염자와 비감염자를 나누는 것은 정태적인 타당한 구분이 아니라 일시적인 경계에 불과하다. 누구나 감염자가 될 수 있고, 누구나 전파자가 될 수 있다. 바로 이 보편적 취약성의 인정이 연대의 기초가 되어야 하며, 인간을 단지 위협의 원천이 아니라 공존의 파트너로 다시 바라보는 시각이 요청된다. 이러한 윤리적 재설계는 감염에 대한 처벌의 언어에서 감응의 언어로, 낙인의 프레임에서 연대의 구조로, 타자화의 방식에서 조율과 협력의 방식으로의 전환을 요구한다. 그리고 이것이야말로 팬데믹을 겪은 인류가 감염적 존재로서 진정으로 도달해야 할 새로운 윤리적 성찰이며, 개념공학이 제공할 수 있는 실천적 기여이다.

'분리된 몸'이라는 허구: 자율적 개인 개념의 감염적 재구성

우리는 흔히 다음과 같은 질문을 던지며 스스로를 정의해왔다. 나는 어떤 자인가? 그리고 어떤 자이어야 하는가? 이는 단순한 자아 인식의 문제가 아니라 자기 자신을 독립적인 도덕적 주체로 상정하고, 스스로 규범을 부과하고 실천할 수 있다고 믿는 자율적 존재로서의 인간상을 전제한다. 이러한 자율성 개념은 근대 이후 윤리학, 정치철학, 법학을 떠받치는 핵심 토대가 되었으며, 특히 '개인'이라는 개념의 중심축이 되었다.

그런데 이 자율적 개인 개념의 기초에는 대개 자각되지 않은 하나의 전제가 깔려 있다. 바로 '분리된 몸(separated body)'이라는 잠재적인 인식 프레임이다. 내 몸은 너의 몸과 구별되며, 나는 내 몸의 경계 안에서만 나 자신으로 존재한다는 믿음, 이것이야말로 자기와 비자기(self and non-self)의 구분을 가능하게 해주고, 나와 타인의 이익이 본질적으로 충돌할 수 있다는 생각, 나아가 사적 권리와 공적 책임을 구분하는 이론적 기반을 제공해 왔다. 요컨대 개인은 '분리된 몸'을 전제로 한다. 이 분리된 몸은 감정과 의지, 판단과 책임의 물리적 그릇이며, 윤리적 행위의 출발점이자 종착점이다. 이러한 개념틀에서 감염은 일종의 개입이며 침범이다. 타인의 비말, 공기의 바이러스, 손의 접촉은 나의 경계를 무단으로 침범하는 행위로 간주된다. 그러므로 감염자는 경계 파괴자, 곧 '위험한 타자'로 낙인찍히며, 처벌과 고립의 대상이 된다. 바이러스는 물리적 경계를 고려하지 않고 우리의 몸은 타자의 숨결과 손길을 통해 끊임없이 영향을 받고 있다. 우리는 이미 상호감염의 망 속에 놓여 있으며 이미 타자의 몸과 호흡하고, 접촉하고, 교환하고, 응답하고 있다.

이러한 현실 앞에서 '분리된 몸'이라는 전제는 더 이상 온전한 설명틀이 아니다. 우리는 '나'의 경계가 어디서 시작되고 끝나는지 정확히 말할 수 없다. 미생물학과 면역학의 통찰에 따르면, 인간 개체란 수많은 타자의 생명과 공생하는 복합적 생태계이며, 외부와의 상호작용을 통해 자신을 유지하는 열려 있는 생명 네트워크다. 따라서 인간은 단일하고 자율적인 개인이 아니라, 침투 가능하고 감염 가능한 존재(homo infectivus)이며, 응답하고 감응하는 존재(homo responsivus)이다.

이제 우리는 감염 가능성에 대한 두려움의 언어 대신, 감염 가능성을 인정하고 조율하고 감응하는 윤리적 상상력을 요청받는다. 이는 단지 생물학의 문제가 아니라 우리 시대의 인간관, 그리고 윤리와 공동체의 근본 구조를 재구성하는 철학적 요청이다.

'분리된 몸'과 '개인'의 구성: 존 설의 사회적 존재론에 기초하여

우리는 일상에서 배고픔을 느끼고, 음식을 섭취하고, 감각을 통해 쾌락과 고통을 경험하며, 주변 자극에 반응한다. 이와 같은 현상적 경험은 반복적으로 우리에게 한 가지 강력한 인식을 각인시킨다. "나는 나의 몸이다." 보다 정확히 말하면, "나는 나의 경계 안에 존재하는 단일하고 분리된 몸이다." 이러한 감각은 설명되기 이전에 이미 느껴지는 것이며, 사회적 언어 이전의 체화된 경험이다. 바로 이 지점에서

'분리된 몸'이라는 체험적 사실이 등장한다.

그렇다면 '개인'이란 무엇인가? 이는 단순히 몸의 상태를 지시하는 말이 아니다. 우리는 누군가를 단지 몸으로만 대하지 않는다. 우리는 그를 '책임질 수 있는 자', '권리와 의무를 가진 자', '자기결정의 주체'로 대한다. 다시 말해, '개인'이란 몸의 상태에서 도출되는 개념이 아니라 사회적으로 구성된 제도적 지위(status function)이다. 이 용어를 제안한 존 설(John Searle)은 『사회적 존재의 구성』에서 다음과 같은 구분을 제시한다.

원초적 사실(brute facts): 사회적 합의나 규범 없이도 성립하는 사실들. 예: 이 돌은 무겁다, 나는 배가 고프다, 이 신체는 공간 안에 있다.

제도적 사실(institutional facts): 사회적 규약이나 규칙이 성립되어야만 성립할 수 있는 사실들. 예: 이 사람은 대학교수이다, 그는 시민권자다, 나는 법적 개인이다.

이때 설은 제도적 사실이 다음과 같은 제정 규칙(constitutive rules)에 의해 구성된다고 본다.

"X는 C라는 맥락에서 Y로 간주된다."

이 공식을 적용해 보면 다음과 같은 구조가 드러난다.

X: 분리된 신체를 가진 생명체

C: 현대 자유주의적 시민사회라는 제도적 맥락

Y: 권리와 의무를 갖는 자율적 개인(individual)

　요컨대 '분리된 몸'이라는 원초적 사실이 사회적 맥락 속에서 '개인'이라는 제도적 사실로 전환되는 것이다. 다시 말해, 우리는 어떤 신체적 존재를 '개인'으로 간주하도록 사회적으로 훈련받고 있으며, 그 규약을 통해 '개인'이라는 개념은 사회적으로 인정되고 실행된다. 이러한 구분은 "개인은 본질이 아니라 제도"[28]라는 중요한 철학적 통찰을 제공한다.

　'개인'은 생물학적으로 주어진 실체가 아니라 사회적 규칙 속에서 부여된 지위이다. 개인은 고정된 실체가 아니라 기능적 장치이다. 책임, 권리, 자유, 자율성 등은 모두 제도적 사실의 맥락에서 '개인'이라는 지위를 가진 자에게 부여되는 기능이다. 개인의 경계는 생물학적 경계가 아니라 규범적

---

28. John Searle, *The Construction of Social Reality*, New York: Free Press, 1995.

경계이다. 우리는 신체를 근거로 '개인'을 설정하지만, 그 신체가 언제 '개인'으로 인정될지, 어떤 조건에서 책임질 수 있는 주체로 기능할지는 사회적 규약에 의존한다. 이러한 논의는 우리에게 중대한 질문을 던진다. 만약 '개인'이 제도적 구성물이라면, 팬데믹과 같이 감염이 확산되는 상황에서 이 구성물은 여전히 유효한가?

전통적인 '개인' 개념은 자율성, 책임, 자기결정권을 중심으로 작동하지만, 팬데믹 상황에서는 감염이라는 비의도적이고 비자율적인 사건이 그 체계를 혼란에 빠뜨린다. 이제 우리는 '분리된 몸'을 전제로 한 개인 개념이 아니라, 감염 가능성과 상호침투성을 전제로 한 새로운 인간 개념을 모색해야 한다. 그것이 바로 감염적 인간, 호모 인펙티부스로의 전환이다.

'연결된 몸'으로서의 인간: 호모 인펙티부스의 존재론적 지평

그러나 필자가 보기에, 코로나19 팬데믹은 '분리된 몸'이라는 개념보다 더 근본적인 원초적 사실, 즉 '연결된 몸'으로서의 인간 조건을 강력하게 드러내 주었다. 인간은 결코 독립적인 생물학적 단위로 존재할 수 없다. 생명은 외부와의 연결 없이는 지속될 수 없으며, 모든 유기체는 생존을 위해 필연적으로 외부 환경과 물질적·에너지적 교환을 수행해야 한다.

예컨대 세포는 외부에서 에너지를 받아들여야만 생존할 수 있고, 동물은 다른 생명체를 섭취하거나 착취함으로써 자신의 생명 유지에 필요한 물질을 공급받는다. 식물조차도 햇빛·이산화탄소·물과 같은 외부 환경과의 물질적 연동 속에서만 광합성을 수행할 수 있다. 인간 역시 마찬가지다. 우리는 타인의 활동에 의존해서 살아간다. 타인의 몸은 나의 생존 자원이 되고, 나의 몸도 타인의 생존 과정에 개입되는 존재이다. 다시 말해, 나의 몸은 그 자체로 고립된 것이 아니라, 필연적으로 타자의 몸과 연결된 실존적 구조 속에 놓여 있다.

바이러스는 이 연결의 본질을 가장 급진적으로 가시화시킨 존재이다. 코로나19는 숙주세포의 ACE2 수용체와 자신의 스파이크 단백질이 결합 가능한 한, 그 누구에게도 예외 없이 침투할 수 있으며, 모든 인간은 이 결합 가능성에 의해 연결된 감염 망의 일부가 된다. 우리는 바이러스의 관점에서 보면, 서로 떨어진 몸들이 아니라 하나의 거대한 '이동 경로'

이자 '연결된 신체 네트워크'인 셈이다. 이러한 이해는 "인간은 연결된 몸"이라는 존재론적 전환을 요구한다. 그리고 이것은 단지 수사적 표현이 아니라 팬데믹이 강제한 실존적 진실이다. 우리는 각자 떨어져 있지 않다. 생물학적으로, 생태적으로, 그리고 윤리적으로 우리는 타자와 긴밀하게 얽혀 있으며, 연결된 취약성을 통해서만 지속 가능성을 모색할 수 있다.

이러한 결론은 인간에 대한 고전적 정의, 즉 호모 사피엔스(Homo Sapiens)라는 '이성적 동물' 혹은 '자율적 개인'이라는 틀을 넘어, 인간을 '감염적 존재(homo infectivus)'로 재규정할 것을 요청한다. 개념공학의 관점에서 본다면, 이것은 존재론적 전제의 교체이자 윤리적 실천의 재설계를 의미한다.

2장

실천적 고찰

1. 개념공학의 실제

지금까지 살펴본 바와 같이, 팬데믹은 단지 의학적 또는 보건학적 위기가 아니다. 우리가 세계를 어떻게 이해하고, 인간을 어떻게 정의하며, 사회적 관계를 어떻게 조직할 것인가에 대한 철학적 성찰을 요구하는 총체적 위기였다. 이 위기의 핵심에는 우리가 당연하게 여겨온 개념들(예컨대 '개인', '사회', '자유', '책임', '감염', '건강' 등)이 실제 현실을 얼마나 정확히 반영하고 기능적으로 조율해 왔는가에 대한 근본적 의문이 자리하고 있다.

앞서 논의한 이론적 고찰은 이러한 개념들의 형이상학적·윤리적 전제, 역사적 형성 과정, 그리고 권력적 기능에 대한 철저한 재검토였다. 우리는 개념이 단순한 도식이 아니라 사유를 유도하고, 행동을 조절하며, 윤리적 판단과 사회적 규범을 구성하는 프레임이자 도구임을 확인했다.

그렇다면 이제 남은 과제는 분명하다. 이론적 비판을 넘어서, 팬데믹과 같은 현실적 위기 앞에서 새로운 개념적 도구들을 실천적으로 설계하고 적용할 수 있는가의 문제이다. 이것이 바로 개념공학이 철학의 이름으로 감당해야 할 공공적 기여이며, 철학이 '실천적 학문'으로 자리매김할 수 있는 핵심 근거이기도 하다. 우리가 필요로 하는 것은 옳은 생각일 뿐만 아니라, 작동하는 개념이어야 한다. 즉, 사람들이 실제로 살아가는 삶 속에서 혼란을 줄이고, 낙인을 해소하며, 사회적 연대를 증진시킬 수 있는, 보다 정확하고 윤리적인 언어적 구조의 재설계이다. 이제 우리는 본격적으로, 기존의 팬데믹 관련 용어들이 왜 개념적으로 문제가 있으며, 그것들을 어떤 새로운 프레임으로 개념공학적으로 수정 또는 대체해야 하는지를 살펴보려 한다.

현재 용어	후보 용어	현재 용어의 문제점 요약
슈퍼전파자	감염연결점	개인에게 과도한 책임과 낙인을 부여함. 감염은 비의도적이고 관계적 사건임에도 '주범화' 효과 발생
확진자	감염경유지, 감염통과점	의도성·주체성을 부여하는'-자' 접미어가 비난을 정당화. 감염은 통과적 사건이라는 점을 반영하지 못함
사회적 거리두기 의무	감염확산방지 의무, 공동배려 실천	'사회적 거리'는 반사회적 인상을 주며, 공동체성 훼손. 거리 유지가 곧 공동체 보호임을 강조해야 함
자가격리	격리 중 돌봄, 연대 격리	단절과 고립을 강조. 실제로는 의료적·사회적 지원이 동반된 연대적 행위이며, 돌봄의 맥락을 포함해야 함
무증상 감염	무자각 감염, 비인지 감염	'무증상'이란 전문적 판단을 일반인에게 요구하며 혼란 유발. 실제 '감염을 인지하지 못하는 상태'임
방역수칙 위반자	공동약속 이탈자	'위반자'라는 용어는 범죄화 함의. 공공의 신뢰와 약속을 기반으로 한 '합의에서의 일탈'로 재기술 필요
거리두기 단계	배려 수준, 조율 지침	숫자로 표현되는 '단계'는 위계적이고 명령적. 윤리적 실천과 공동 대응으로서의 '조율'로 프레이밍 필요
백신 거부자	접종 보류인, 백신 주저자	거부자는 대결적 이미지. 주저, 숙고 중이라는 점을 드러내야 함
의심환자	가능 감염자, 감염 검토자	'의심'이란 낙인어 사용. 감염 가능성을 과학적으로 검토 중인 상태로 중립화 필요
생활치료센터	연대 회복공간, 감염돌봄시설	'생활'이라는 말이 감염의 심각성을 희석. 치유와 돌봄, 연대를 드러내는 명칭 필요

앞서 '감염확산방지 의무'와 '격리 중 돌봄'에 대해서는 별도로 자세히 논의할 예정이므로, 이 자리에서는 주로 '감염연결점', '무자각 감염', '공동약속 이탈자', '접종 보류인'과 같은 개념공학적 후보어들의 의미와 필요성을 살펴보고자 한다.

우선, 팬데믹 상황에서 사회적으로 널리 유통되었던 '슈퍼전파자'와 '확진자'라는 표현은 감염을 의도적인 결과로 오인하게 만들고, 감염자의 도덕적 책임성과 주체성을 과도하게 강조하는 언어적 구조를 가진다. 여기서 '-자(者)'라는 접미어는 감염을 '주도한 자', '책임 있는 자'로 환기시키는 효과를 내며, 이는 감염자에 대한 낙인 비난, 그리고 사회적 배제를 정당화하는 근거로 작동한다. 하지만 실상에서 감염은 대부분 비의도적이며 비자각적인 사건이며, 감염자는 바이러스의 능동적 숙주가 아닌 '감염경유지'나 '감염통과점' 또는 '감염연결점'이다. 이는 감염자에 대한 책임 귀속의 왜곡을 바로잡고 감염을 관계적 사건으로 전환해주는 개념적 전환이다.

마찬가지로, '무증상 감염'이라는 표현은 전문가적 시각에서 유래한 분류 개념으로서, 일반인에게는 혼란과 오해를 유발할 수 있다. 실제로 코로나19 초기에 많은 논란이 있었던 것도, 감염 여부가 단지 증상 유무로 구별되지 않으며, PCR 검사와 같은 기술적 판단에 의존하고 있기 때문이다. 이에 대한 보다 정합적이고 현실적인 용어는 '무자각 감염' 또는 '비인지 감염'이다. 이는 결국 검사장비로 판별해야 하는 증상의 유무보다 자기 인식의 가능성과 한계에 주목한 표현으로, "자신이 감염되었는지조차 알 수 없다"는 메시지를 통해 예방적 참여를 유도한다는 점에서 공공윤리적 실천성을 가진다.

한편, '자가격리'라는 용어는 고립과 단절의 이미지를 강하게 내포하며, 방역정책을 처벌적 규율로 오해하게 만든다. 그러나 실제 격리 환경은 의료적 돌봄과 지역 공동체의 지원이 함께 수행되는 복합적 관계 행위이다. 따라서 이를 '격리 중 돌봄' 또는 '연대 격리'로 개념을 재설계함으로써, 격리의 부정적 정서를 완화하고, 공동의 책임과 배려의 실천으로 격상시킬 가능성을 열 수 있다.

또한, '사회적 거리두기'라는 표현은 이름과 달리 반사회적 의미를 암묵적으로 내포한다. 사회적 유대를 강조해야 할 시기에 '사회로부터의 거리'를 강조한다는 점은 윤리적 모순이다. 대신 '감염확산방지 의무'나 '공동배려 실천'과 같은 용어는 참여와 사고의 공간을 열어주며, 타인을 위한 자율적 거리 유지라는 관계윤리적 메시지를 담을 수 있다.

이 외에도, '방역수칙 위반자'라는 표현은 법적 범죄화의 상징처럼 작동해 정서적 반발을 낳을 수 있다. 이를 '공동약속 이탈자'로 대체함으로써 공공의 약속과 신뢰의 기반 위에서의 일탈이라는 보다 윤리적·비범죄화된 설명이 가능하다. 이는 처벌보다는 신뢰 회복을 중시하는 커뮤니케이션 방식이다.

마찬가지로, '백신 거부자'라는 표현은 대결적 언어이며 갈등을 격화시킨다. 반면 '접종 보류인'이나 '백신 주저자'는 숙고 중인 시민이라는 인식 전환을 유도하고, 대화의 가능성을 열어놓는다. 이는 참여형 민주주의의 윤리와도 맞닿아 있다.

마지막으로, '생활치료센터'라는 명칭은 감염의 심각성을 희석시키며 돌봄과 연대의 의미가 사라지기 쉽다. 대신 '연대 회복공간'이나 '감염돌봄시설'과 같은 표현은 해당 공간이 단지 일상적 장소가 아니라 치유와 연대의 현장임을 드러낸다.

요컨대 위에서 살펴본 현재 용어들은 전문가적 효율성과 행정적 편의에 의해 정해졌을지 모르지만, 그 사회적 맥락과 감정적 파급력은 충분히 고려되지 않았다. 이로 인해, 감염병 대응 언어는 대중 참여의 공간을 열어주기보다는 배제, 비난, 불신을 재생산하는 경향을 보였다.

개념공학의 관점에서 보면, 이러한 언어들은 단순한 용어가 아니라 현실을 구성하고 세계를 해석하게 만드는 틀이다. 그러므로 우리는 감염병 상황에서도 '사건을 잘 설명하는 개념'이 아니라, '사람을 잘 연결하는 개념'을 만들어야한다. 팬데믹 상황은 기술과 행정의 문제가 아니라 언어와 신뢰의 문제이기도 하다. 따라서 우리는 감염병의 '통제'보다 '해석'을 먼저 질문해야 하며, 그 해석의 열쇠는 바로 언어적 개입과 개념공학적 재설계에 달려 있다.

그러나 지금까지 살펴본 용어들만이 문제가 되는 것은 아니다. 감염병 대응 과정에서 보건당국이 공식적으로 사용한 용어 가운데, 그 의미가 모호하거나 사회적 혼란을 유발한 사례들이 다수 존재한다. 대표적인 것이 '부스터 샷(booster shot)'이나 '위드 코로나(with corona)'와 같은 수입어 중심의 조어들이다. 이러한 표현들은 의료 전문가나 일부

미디어 종사자들에게는 익숙할지 모르지만, 일반 시민에게는 직관적이지 않다. 특히 '위드 코로나'는 코로나19와의 공존을 의미하는 것이 아니라, 방역정책의 완화와 단계적 일상 회복을 뜻하는 정책적 신호였음에도, 용어 자체는 오히려 방역 포기의 뉘앙스로 오해되기 쉬웠다. 이처럼 소통의 격차는 정책 신뢰의 약화를 초래하며, 집단적 실천에 저항을 불러일으킬 수 있다.

그에 반해, '돌파 감염(breakthrough infection)'은 상대적으로 성공적인 개념적 메시지다. 이 용어는 원래의 영어 표현을 그대로 번역했음에도 불구하고, 백신 접종 이후에도 감염될 수 있다는 핵심 의미를 명확하고 직접적으로 전달해주었기 때문이다. 시민은 '돌파'라는 표현에서 기존의 방어선이 뚫릴 수 있다는 감각을 직관적으로 포착할 수 있었다. 즉, 이 용어는 전문성의 엄밀성과 시민의 이해 가능성 사이의 균형을 적절히 구현해낸 드문 예라 할 수 있다.

그렇다면 팬데믹의 언어를 철학자와 인문학자가 다시 설계할 때, 가장 먼저 고려해야 할 영역은 무엇인가? 바로 '대중의 참여와 공감'이라는 실천의 장이다. 개념은 선언이 아니라 공동 실천의 형식이며, 메시지는 단순한 정보 전달이 아니라 참여를 유도하는 감응적 구조다. 감염병 대응에서 백신과 치료제가 과학의 영역이라면, 참여와 협력은 사회적 상상력의 영역이다. 이때 메시지는 명령이 아니라 '함께하게 만드는 것', 즉 넛지(nudge)의 방식으로 구성되어야 한다.

2. 대중의 참여와 넛지

'대중의 영역'에서 논의되어야 할 핵심 주제는 다음과 같다. 감염병의 창궐을 막기 위해 어떻게 시민의 자발적 협조와 공동 실천을 이끌어 낼 것인가? 이를 논의하기 위해, 필자는 '사회적 거리두기'와 '자가격리'라는 보건당국의 대표적 메시지들을 개념공학적 관점에서 비판적으로 검토하고자 한다.

이 영역에서 가장 중요한 가치 중 하나는 바로 시민의 자발성과 주체성이다. 다시 말해, 방역수칙이나 집합금지명령 등의 표현이 일방적인 지시의 언어로만 받아들여지는 것이 아니라, 시민이 공공의 목표에 동의하며 능동적으로 참여하는 의식으로 전환되어야 한다는 것이다. 이를 위해서는 '따른다'는 감각보다 '함께한다', '책임진다'는 감각이 필요하다.

그렇다면 소위 말하는 '사회적 거리두기(social distancing)'라는 표현은, 대중의 자발성과 공동 실천을 이끌어내는 데 적합한 개념인가? 필자의 입장은 '그렇지 않다'이다.

1) 대중의 영역: 거리 두기에서 연대 실천으로

감염병의 창궐을 막기 위해 '대중의 참여와 협조'를 어떻게 유도할 것인가. 이것은 팬데믹 대응에서 가장 핵심적인 실천적 과제 중 하나이다. 이때 대중의 자발성과 주체성은 단지 부가적인 요소가 아니라, 감염확산을 막는 윤리적 기반이자 사회적 자원이다. 그러나 많은 경우 방역정책은 방역수칙이나 집합금지명령 등의 행정적 지시 형태로만 전달되었고, 시민은 이를 '따른다'는 수동적 감각으로 받아들일 수밖에 없었다.

하지만 감염병은 단지 명령으로 통제할 수 있는 문제가 아니다. 공공의 목표에 시민이 동의하고, 그 목표를 위해 함께 실천하려는 '참여의 감각'이 뿌리내릴 때 방역정책은 효과를 발휘할 수 있다. 따라서 핵심은 단순한 규율이 아니라 공동의 목표를 분명히 설정하고, 그 목표에 대한 시민의 윤리적 동참을 끌어낼 수 있는 언어와 개념의 설계이다.

이런 관점에서, 대표적인 보건 메시지였던 '사회적 거리두기'라는 표현은 자칫 '사회생활에 거리를 둔다'는 반사회적 메시지로 오해될 수 있으며, 공동체적 실천이 아니라 개별적 단절을 명령하는 언어처럼 작용할 수 있다. 팬데믹 초기부터 이 용어는 논란이 되었고, 실제로 많은 사람이 이 표현에서 거리감과 소외감을 느꼈다. 특히 '사회적 거리두기'를 '명령'하는 방식은 인간의 본능적인 사회성에 반하는 행위를 요구하는 것이며, 시민의 정서와 윤리적 직관에 반하는 지시로 받아들여질 수 있다. 우리는 이제 물어야 한다. 왜 거리두기가 공동의 목표인 '감염확산방지'로 연결되지 못했는가? 그리고 어떤 용어가 대중의 책임 있는 참여를 더 잘 이끌어낼 수 있는가?

이 문제의식을 바탕으로, 아래에서는 '사회적 거리두기'와 '자가격리'라는 개념을 개념공학적으로 비판하고, 그에 대한 대안적 용어 설계를 제안하고자 한다. 그렇다면 만약 보건당국이 '사회적 거리두기'라는 표현 대신 '감염확산방지를 위한 거리두기'라는 개념을 사용했더라면 어땠을까? 팬데믹 상황에서 '감염확산방지'라는 목표는 거의 모든 합리적 시민에게 윤리적으로 수용 가능한 공동의 목표로 작용할 수 있다. 공동체의 생존을 위한 정당한 목적이 제시된다면, 시민은 단지 '지시를 따르는 존재'가 아니라, 함께 실천하는 행위자로 기능하게 된다. 요컨대 핵심은 '무엇을 하라'는 명령이 아니라, '무엇을 왜 해야 하는가'라는 목적의 명료화다.

'사회적 거리두기'라는 표현의 문제는, 그것이 목적이 아니라 수단임에도 불구하고, 목적처럼 기능하게 만든다는 데 있다. 감염확산방지를 위한 거리두기, 즉 '방역적 거리 조절'이 실제로 명령되어야 할 내용이지, 사회 자체에서 거리를 두라는 추상적 지시가 되어서는 안 된다. 다시 말해, '사회적 거리두기'가 아니라 '공동체 보호를 위한 거리조절'이어야 한다.

또한 '사회적 거리두기'라는 말에서 '사회적(social)'이라는 표현은 너무 포괄적이고 의미가 불투명하다. 무엇이 사회적이고, 어떤 거리를 어느 정도로 두라는 것인지가 명확하지 않다. 이에 비해 '감염확산방지'는 정보량이 풍부하고 목적 중심적이며, 시민의 이해와 참여를 촉진하는 실천적 언어다. 위기 상황일수록 시민은 의미가 명확하고 실질적인 표현을 통해 자신의 판단을 구성하기 때문에 추상적 언어는 실천을 저해할 수 있다.

게다가 '사회적 거리두기'는 현대의 기술문명 환경과도 부조화를 일으킨다. 이는 단순히 물리적 접촉을 줄이자는 권고임에도 불구하고, '사회로부터의 단절'처럼 해석될 여지가 있다. 그러나 오늘날 우리는 줌(Zoom), 메타버스, 온라인 커뮤니티와 같은 비대면 디지털 기술을 통해 새롭게 사회적으로 연결되고 있다. 비물리적 접촉이 오히려 사회적 결속을 새롭게 조직할 수 있는 수단이 되었으며, 팬데믹은 이러한 가능성을 급속히 현실화시킨 계기였다.

그렇다면 문제는 '거리' 그 자체가 아니라 어떤 방식의 사회적 연결을 지속할 것인가에 있다. 우리는 물리적 거리의 확대를 통해 감염확산을 줄이지만, 그 대신 정서적·사회적 연결을 새로운 방식으로 복원하거나 대체할 수 있어야 한다. 그 의미에서 '사회적 거리두기'는 적절한 용어가 아니다.

개념적 재설계는 단순한 용어 변경이 아니다. 그것은 시민의 실천을 끌어내는 언어적 프레이밍의 전환이며, 위기 상황에서 신뢰와 연대를 회복하는 철학적·정치적 실천의 장치다. 개념은 단지 설명이 아니라, 행동의 구조이며, 우리가 어떤 사회를 만들고자 하는지를 보여주는 실천의 언어다.

2) 공동의 목표 설정

전염병 상황에 효과적으로 대응하기 위해 가장 중요한 과제 중 하나는, 대중이 공동의 목표를 인식하고(end sharing), 그 목표의 실현에 자발적으로 동참하게 만드는 것이다. 아무리 과학적 근거가 뒷받침된 정책이라 하더라도, 시민이 그 정책의 목적을 내면화하지 못하고 단지 외부의 '명령'으로만 인식한다면, 그 실효성은 제한될 수밖에 없다.

물론 방역 당국의 발화(speech act) 대부분은 명령적 성격을 가진 수반행위(illocutionary act)에 속한다. 그러나 철학적으로 또한 중요한 것은 발화의 효과, 곧 청자의 입장에서 어떤 반응(perlocutionary act)이 유발되는가이다. 메시지를 전달받은 시민이 "지시를 따르고 있다"는 수동적 인식에 머무르는 것이 아니라, "나는 스스로 판단하고 있다", "나는 공동체의 목표에 참여하고 있다"는 자율적이고 능동적인 인식으로 전환되는 것이야말로 진정한 참여와 협력의 출발점이다.

이런 점에서, 정책적 메시지는 단순한 지시(instruction)가 아니라, 가치 기반의 설득(persuasion)이 되어야 한다. 이를 위해 '부드러운 개입'으로 알려진 넛지(nudge)의 전략은 매우 유용하다. 시민의 자유를 침해하지 않으면서도, 선한 선택을 촉진하는 방향으로 환경을 설계하는 방식이다. 이는 리처드 세일러(Richard H. Thaler)와 캐스 선스타인(Cass R. Sunstein)이 제안한 '자유주의적 개입주의(libertarian paternalism)'의 핵심이기도 하다.

예컨대, '사회적 거리두기'라는 추상적이고 혼란을 유발할 수 있는 개념보다는 '감염확산방지를 위한 거리두기'라는 메시지가 더 바람직하다. '감염확산방지'라는 명확하고 수용 가능한 목표를 내포한 표현은 대중의 이해와 수용을 높인다. 이처럼 공동의 목적을 명확히 하고, 그 목적 달성을 위한 수단을 설계할 때 시민이 스스로 판단하고 행동할 수 있도록 환경을 구성하는 것, 이것이 넛지의 요체이며, 개념 공학적 설계의 핵심이기도 하다.

결과적으로, 행동의 실질적 유도는 '명령'이 아니라 '설득력 있는 개념 구성'에 달려 있다. 감염병 위기 속에서 우리는 어떤 언어로 시민을 호명할 것인가? 이는 단지 커뮤니케이션의 문제가 아니라, 정치적 신뢰, 윤리적 정당성, 사회적 연대의 구성 문제이기도 하다.

한편, 코로나19 팬데믹 시기에 '사회적 거리두기'와 더

불어 반복적으로 들려온 또 하나의 핵심 언표는 바로 '자가격리'이다. '자가격리'는 고립과 단절의 이미지를 불러일으킨다. 특히 '자가(自家)'라는 표현은 마치 모든 책임이 개인에게 있다는 인상을 주며, "스스로 감당하라"는 권고인지 강요인지 모호한 감정을 유발한다. 감염된 개인에게 격리를 요구하는 것은 위협의 제거라기보다 공동체를 보호하기 위한 윤리적 행위로 해석되어야 한다. 그런데 현행 개념은 보건당국의 명령적 어조와 함께 처벌의 위협과 결합됨으로써 공포와 거부감을 불러일으키고 시민의 자율성과 신뢰를 떨어뜨릴 수 있다.

그러나 실제로 감염 또는 감염 의심 상황에서 격리되는 이들은 단지 격리만 되는 것이 아니라, 의료진의 돌봄과 모니터링을 동반한 보호 환경 속에 있게 된다. 즉, 이 과정은 단순한 고립이 아니라 '격리 중 돌봄', 또는 더 나아가 '격리 중 자기돌봄'으로 기술되어야 한다. 이러한 언어의 전환은 매우 중요하다. '자가격리'가 '피해야 할 수동적 조치'처럼 들린다면, '격리 중 돌봄'은 자신과 타인의 생명을 보호하는 능동적 선택이자, 공동체적 연대를 실천하는 윤리적 행위로 이해될 수 있기 때문이다.

더 나아가 우리는 자문해야 한다. 자가격리란 행위가 공동의 목표인가? 아니다. 자가격리는 감염확산을 막기 위한 수단이지, 그 자체가 최종적 목표는 아니다. 진정한 목표는 나와 타인의 생명을 지키고, 감염의 확산을 차단하는 것이며, 격리는 그 목표를 실현하기 위한 하나의 방식일 뿐이다. 그렇다면 방역 메시지의 언어는 '무엇을 하라'보다 '무엇을 위하여 하라'는 방향으로 바뀌어야 한다.

요컨대 감염병이라는 사회적 재난에 효과적으로 대응하기 위해서는, 시민에게 단지 지시나 명령을 내리는 것이 아니라 공동의 목표를 명확히 제시하고, 그 목표에 대한 윤리적 동의와 자발적 실천을 유도하는 개념적 언어의 재설계가 필요하다. 이 점에서, '사회적 거리두기'와 '자가격리'라는 기존의 용어는 실제 현상과 목적을 충분히 반영하지 못할 뿐 아니라, 대중의 공감과 협력을 끌어내는 데 한계를 보인다. 따라서 이들은 철학적 반성에 따라 수정되거나, 보다 설득력 있는 개념으로 대체되어야 할 개념들인 것이다.

3. 도리(道理)로서의 감염확산방지 의무

이 절에서 필자는 감염확산방지 의무의 헌법적 정립을 위한 개념공학적 제안을 하고자 한다. 앞서 논의했듯이, 개념공학은 시대적 과제에 부응하지 못하는 개념들을 해체하고 재설계함으로써 이론과 실천의 틈을 메우는 철학적 실천이다. 특히 법과 제도의 언어가 사회적 실천을 강력하게 형성한다는 점에서, 헌법적 개념공학(constitutional conceptual engineering)은 개념공학의 핵심 영역이 될 수밖에 없다.

현행 헌법은 국민의 기본 의무로서 국방·교육·납세·근로의 의무를 명시하고 있다. 그러나 팬데믹을 겪으며 우리는 자명하게 확인할 수 있었다. 감염병 확산을 방지하는 책임은 결코 선택적 선의의 행위가 아니라, 모든 인간이 지닌 존재론적 지위에 근거한 기본적인 윤리적·정치적 의무라는 점이다. 즉, 국민의 생명과 안전을 위협하는 새로운 재난이 '전염병'이라는 형태로 도래한 이상, 헌법상 기본의무 체계 역시 이에 상응하는 개념의 개입과 정비가 불가피하다.

여기서 제안되는 것은 바로 '감염확산방지 의무'의 헌법적 정립이다. 이 의무는 단순히 정책적 요청이 아니라 현대 사회가 요구하는 새로운 시민 윤리이자, 인간 존재의 생물학적 조건에 기반한 실존적 책임이다. 이를 통해 우리는 감염병을 단지 보건의 문제가 아니라 헌법적 가치와 연결된 공공 윤리의 문제로 위치시킬 수 있다. 이러한 관점에서, 이제 본격적으로 논의하고자 하는 바는 다음과 같다.

1) 도리와 의무의 철학적 차이

필자는 인간이 본질적으로 병원체의 숙주(host)라는 생물학적 운명에 처해 있다는 점에 주목한다. 이 조건은 단순한 사실 명제가 아니라 책임의 근거가 되는 존재론적 지위이기도 하다. 바로 그 지위에서 필자는 "모든 인간은 감염의 확산을 방지할 의무를 갖는다"라는 윤리적 명제를 도출한다.('감염' 그 자체가 아닌 감염의 '확산'을 방지할 의무라는 점이 강조되어야 할 것이다) 다시 말해, '감염확산방지 의무'는 단지 행정적·기술적 요청이 아니라 숙주된 인간이 감당해야 할 실존적 도리(道理)라는 것이다.

그렇다면 '숙주임'이라는 존재 조건이 어떻게 구체적인 의무를 생성하는가? 필자는 그 매개 개념으로 '도리'를 제안한다. 도리란 우리 사회에서 지위, 역할, 또는 관계 속에서 발생하는 규범적 요청이다. 우리는 '부모로서의 도리', '학생으로서의 도리', '시민으로서의 도리'라는 말을 익숙하게 사용한다. 이처럼 도리는 (필자가 아는 한) 학술적으로 본격적으로 탐구되지는 않았지만, 우리의 윤리적 직관과 일상언어 속에서 강력하게 작동하고 있다.

따라서 필자는 이 개념을 공적 윤리의 개념공학 차원에서 재구성하고자 한다. 즉, 인간이라는 존재 자체가 감염 가능성의 매개체임을 인정할 때, 우리는 단지 자유로운 개인이 아니라 '숙주된 존재'로서의 인간, 다시 말해 호모 인펙티부스(Homo Infectivus)라는 새로운 존재론적 자각에 이르게 된다. 그리고 바로 이 지점에서, 우리는 감염확산방지 의무라는 새로운 윤리적 도리를 정초할 수 있게 된다. 이때 도리와 의무의 철학적 차이를 세심하게 구분할 필요가 있다. 두 개념은 모두 규범적 언어에 속하지만, 그 전제 조건과 작동 방식, 그리고 책임 귀속 구조에서 중요한 차이가 있다.

전제 조건: 의무는 '분리된 몸', 도리는 '연결된 몸'을 전제한다

의무는 일반적으로 독립된 개인(independent individual)이라는 전제를 요구한다. 다시 말해, 그 대상은 '규범적으로 추상화된 분리된 몸'이다. 이에 반해, 도리는 구체적인 관계성과 연루성에 놓인 몸, 곧 '규범적으로 연결된 몸'을 전제한다. 팬데믹 상황에서 감염은 일반적으로 의도적 행위가 아니라 비의도적이고 관계적으로 발생하는 사건이다. 이처럼 관계 속에서 발생하는 사건에 대해서는, '분리된 개인' 개념보다 '연결된 숙주' 개념에 기초한 도리 언어가 더 적합하다.

권리 상관성: 의무는 권리-의무 관계, 도리는 비상관적 책임

의무는 일반적으로 타인의 권리(right)에 상응하여 성립한다. 예컨대, 부모와 자식 간의 관계에서도 자식의 권리가 있기 때문에 부모는 의무를 지닌다. 반면 도리는 상대방의 권리 유무와 무관하게 발생할 수 있다. 부모로서, 혹은 교사로서, 그리고 인간으로서 마땅히 해야 할 바가 있다는 직관이 바로 도리 개념의 핵심이다. 예컨대, 제자를 사회로 진출시키기 위한 지도교수의 도리는 제자가 자신의 성공을 교수에게 요구할 권리는 없지만, 여전히 작동한다.

감염의 '확산'을 방지해야 할 '도리'를 정당화하려는 시도는 기존의 의무론적 패러다임을 넘어서는 새로운 철학적 토대를 요구한다. 이를 위해 필자는 무고성(innocence) 개념을 심층적으로 고찰하고자 한다. 일반적으로 어떤 개인이 무고하다는 평가는 그에게 비난이나 처벌을 가하는 것을 정당화하지 못하게 하는 강력한 윤리적 이유로 작동한다. '무고(無辜)'란, '잘못이나 허물(辜)이 없음(無)'을 뜻한다. 즉, 어떤 나쁜 결과가 발생했을 때, 그 결과를 야기하는 데 연루된 특정 행위를 수행하지 않은 자는 무고한 자로 간주된다. 이때 행위의 의도성이나 자발성 여부가 연루성을 판단하는 주요 기준이 된다. 통상적으로 행위의 무고성은 행위자의 무고성을 추정하는 논리적 기반이 된다.

그러나 팬데믹은 그러한 전통적 무고성 논리를 흔든다. 감염병의 확산은 일반적으로 개인의 의도적 행위 없이도, 심지어 인지조차 없이 발생한다. 인간 존재는 감염 수용성과 전염 유발성의 근본적 조건을 갖추고 있으며, 이로 인해 행위의 무고성이 행위자의 무고성으로 자동 추정되는 구조가 깨지게 된다.

이러한 문제를 설명하기 위해 필자는 프렌치(French)가 제시한 '무고성의 상실(loss of innocence)' 개념을 비판적으로 수용하고자 한다. 그는 자신의 논문[29]에서 전통적 개인 책임론은 개인에게 책임을 묻기 위해 '선택할 수 있는 대안

(alternatives)'의 존재를 전제로 삼는다고 비판한다. 그는 현대 사회적 맥락, 특히 집단적 행위와의 체계적 상호작용 속에서는 개인이 실질적 대안을 가지지 못하는 경우가 많다고 지적한다. 이때에도, 집단의 일부로 존재한다는 사실 자체가 개인에게 일정한 책임을 부과할 수 있으며, 그 근거가 바로 '무고성의 상실'이라는 것이다.

프렌치의 논의는 주로 기업, 군대, 관료제와 같은 행위자 중심 집단(agent-driven collectives)을 대상으로 했지만, 팬데믹은 이와 다르다. 팬데믹은 예컨대 무증상 감염을 통한 비자발적 전염과 같은 비의도적 결과(non-agentive outcomes)를 중심으로 발생한다. 이는 프렌치가 다룬 전통적 집단 책임 구도보다 더욱 급진적인 철학적 확장을 요구한다. 따라서 나는 팬데믹 상황을 설명하기 위해 '행위의 무고성'과 '존재적 무고성'을 구분할 것을 제안한다.

팬데믹 상황에서는 개인이 방역수칙을 지키는 등 행위적으로는 무고할 수 있으나, 존재적으로는 무고할 수 없다.

---

29. French, P.A. "Responsibility with No Alternatives, Loss of Innocence, and Collective Affectivity", 2008, in S. Scalet and C. Griffin (eds.), *APA Newsletter on Philosophy and Law*, 7.

인간은 존재 그 자체로 타자에게 감염의 매개가 될 수 있는 존재이기 때문이다. 그리고 바로 여기에서 감염의 확산을 방지해야 위한 도리(道理)가 발생한다. 도리는 강제된 법적 의무가 아니라, 존재적 연결성과 무고성 상실에 대한 응답(responsibility)이다.

이러한 도리 개념은, 인권 담론에 기초한 개인주의적 권리 언어만으로는 포착할 수 없는, 관계 기반의 실천적 책임의 언어이며, 감염병 시대에 적합한 새로운 공공 윤리의 토대를 제공할 수 있다. 이와 같은 인식은 단순한 철학적 통찰에 머물지 않고, 팬데믹 이후의 사회를 재구성하기 위한 구체적인 실천적 방향으로 이어져야 한다. 실천의 틀은 다음 세 가지로 요약될 수 있다.

첫째, 이론에서 실천으로의 전환이다. 개념은 현실을 설명하는 언어일 뿐만 아니라, 행동의 방향을 제시하는 장치이다. 따라서 '슈퍼전파자', '확진자', '자가격리' 같은 기존의 표현들은 '감염연결점', '격리 중 돌봄' 등으로 개념공학적으로 재설계되어야 하며, 이는 윤리적 실천으로 직결된다.

둘째, 대중의 참여와 넛지의 설계이다. 팬데믹은 권위적 명령만으로는 통제되지 않는다. '사회적 거리두기'가 아닌

'감염확산방지 거리두기'라는 표현은, 자율성과 공동 책임의식을 동시에 이끌어낼 수 있는 넛지적 언어 전략이며, 윤리적 참여를 유도하는 커뮤니케이션의 핵심이다.

셋째, 국민의 기본의무로서의 감염확산방지 의무이다. 감염병 시대, 인간은 단지 권리의 주체일 뿐 아니라 감염의 숙주로서 타인에게 영향을 미칠 수 있는 존재이다. 이러한 존재론적 조건은 헌법적 재구성을 요청하며, 국방·납세·근로와 같은 법정 의무 외에, '감염확산방지' 역시 국민의 기본 의무로 정립될 필요가 있다.

요컨대 우리는 '권리 – 의무'라는 분리된 몸과 추상적 개인을 전제하는 근대의 법적 틀을 넘어, 연결된 생명체로서의 인간이라는 보다 근본적인 존재론적 사실을 성찰하고, 거기서 비롯되는 규범적 요청으로서의 도리를 윤리적 기초로 삼아야 한다. 이러한 도리의 윤리학은 법과 제도를 초월한 신뢰의 기초이며, 미래의 재난에 대응하는 공적 윤리의 새로운 출발점이 될 것이다. 팬데믹 이후의 사회는 이와 같은 존재론적, 윤리적 성찰 위에서만 다시 설계될 수 있다.

호모 인펙티부스와 철학의 새로운 소명

코로나19 팬데믹은 인류에게 고통과 혼란을 안겨준 재난이었지만, 동시에 우리로 하여금 인간 존재와 사회 구조, 그리고 윤리적 실천에 대해 근본적으로 다시 생각하게 만든 결정적인 계기였다. 팬데믹은 단지 바이러스의 생물학적 확산이 아니라 언어와 개념, 제도와 인식, 가치와 실천이 서로 얽혀 있는 다층적 위기의 총체였다.

이 글은 이러한 위기를 철학적으로 분석하고자 하였고, 그 방법으로서 개념공학(conceptual engineering)을 채택하였다. 철학은 단지 기존 개념을 해석하거나 비판하는 데 그치지 않고, 개념이 사회적으로 어떻게 작동하며 어떤 규범적 효과를 낳는지를 평가하고, 필요하다면 더 나은 개념으로 재설계하는 실천적 작업이다. 이 글 전체를 관통하는 핵심 통찰은 다음과 같이 요약될 수 있다.

인간은 '연결된 몸(connected body)'이다. 인간은 독립적인 개체가 아니라, 생물학적·사회적·감응적 관계망 속에서 존재하는 감염적 존재(Homo infectivus)이다. 감염 가능성과 전염 유발성은 인간 조건의 일부이며, 이로부터 우리는 단지 피해자가 아니라 공동 감염 존재자(co-infective being)로서의 윤리적 책임을 인식해야 한다.

감염병 대응은 '감염 수동자'에서 '윤리 주체'로의 이행을 요청한다. 팬데믹은 인간을 통제 대상으로만 규정하는 수직적 명령 체계의 한계를 드러냈다. 감염병 대응의 효과는 결국 대중의 자율성과 신뢰, 공감, 참여에 달려 있다. 이는 '사회적 거리두기' 대신 '감염확산방지 의무', '자가격리' 대신 '격리 중 돌봄' 같은 개념적 재설계를 통해 실현될 수 있다.

철학은 실천적 개입자여야 한다. 철학자는 위기 이후에 해석만 하는 자가 아니라 위기 중에 개념을 설계하고 메시지를 윤리적으로 재조율하는 존재여야 한다. 이는 '미네르바의 부엉이'가 날기 전에, 사회적 낙인과 낡은 개념이 작동하기 전에 개입하여 윤리적 감응의 구조를 설계하는 것이다.

이러한 통찰은 다음의 세 가지 실천 전략으로 귀결된다.

첫째, 개념의 재설계와 윤리적 개입이 필요한데, '슈퍼전파자'나 '자가격리' 같은 용어 대신, '감염연결점'이나 '격리 중 돌봄' 같은 대안적 개념을 통해 낙인을 줄이고 연대를 강화할 수 있다. 철학자는 이러한 개념 재설계를 주도해야 한다.

둘째, 넛지와 프레이밍을 통한 대중의 참여를 유도하고, 수직적 명령이 아닌 수평적 설계를 통해 시민이 스스로 사고하고 행동하는 환경을 마련해야 한다. 이는 '사회적 거리두기'라는 추상적 언표보다 '감염확산방지를 위한 거리두기'처럼 목적 중심적 메시지를 사용할 때 가능하다.

셋째, 감염확산방지 의무의 헌법적 정립이 요청된다. 인간의 존재론적 조건이 감염의 숙주임이라는 점에서 감염확산을 방지할 도덕적·정치적 의무는 자율적 동의 없이도 정당화될 수 있다. 이는 기존의 근로·국방·납세 등의 헌법적 의무에 더해, 공동체 건강의 책임 윤리를 정초하는 새로운 헌법적 도리로 이해되어야 한다.

이러한 실천적 기획은 '철학은 무엇을 할 수 있는가?'라는 질문에 대한 하나의 응답이다. 철학은 더는 추상적 관조에 머무르지 않고 윤리적 설계자, 사회적 조율자, 공공 담론의 재구성자로서 우리 시대의 위기에 실질적으로 개입할 수 있어야 한다. 그리고 그 실천의 중심에는 바로 인간을 호모 인펙티부스, 감염적 존재로 다시 사유하는 용기 있는 철학적 상상력이 있어야 한다.

참고문헌

Battin, M. et al., *The Patient As Victim And Vector: Ethics and Infectious Disease*, Oxford University Press, 2008.

Burgess, Alexis, Herman Cappelen, and David Plunkett, *Conceptual Engineering and Conceptual Ethics*, Oxford University Press, 2020.

Cappelen, Herman, *Fixing Language*, Oxford University Press, 2018.

Cave, Emma, "COVID-19 Super-spreaders: Definitional Quandaries and Implications", *Asian Bioeth Rev*. Jun 12(2), 2020.

Chalmers, D. J., "What is conceptual engineering and what should it be?", *Inquiry*, 2020.

Deleuze, G. & Guattari, F., Tomlinson, H. & Burchell, G. trans., *What is Philosophy*, Columbia University Press, 1991.

Emanuel, Ezekiel J. et al., "Fair Allocation of Scarce Medical Resources in the Time of Covid-19", *NEJM*, March 23, 2020.

Floridi, Luciano, *The Logic of Information*, Oxford University Press, 2019,

Fraser, N., "Rethinking the Public Sphere", *Social Text* (25/26), 1990.

French, P.A. "Responsibility with No Alternatives, Loss of Innocence, and Collective Affectivity", in S. Scalet and C. Griffin (eds.), *APA Newsletter* on *Philosophy and Law*, 7, 2008.

Habermas, Jürgen, *The Theory of Communicative Action, Vol. 1: Reason and the Rationalization of Society*, Boston: Beacon Press, 1984.

Habermas, Jürgen, *Between Facts and Norms: Contributions to a Discourse Theory of Law and Democracy*, Cambridge: MIT Press, 1996.

Haslanger, Sally, *Resisting Reality*, Oxford University Press, 2012.

Kant, Immanuel, Gregor, M. et al., *Groundwork of the Metaphysics of Morals* (Cambridge Texts in the History of Philosophy), Cambridge University Press, 2012.

Manne, Kate, *Down Girl*, Oxford University Press, 2017.

Nietzsche, Friedrich, Daniel Breazeale ed., *Philosophy and Truth: Selections from Nietzsche's Notebooks of the Early 1870s*. Humanities Press/ Prometheus Books, 1990.

Nietzsche, Friedrich, Kevin Hil and Michael Scarpitti ed., *The Will to Power*, Penguin Random House Uk. 2017.

Nietzsche, Friedrich, *Nachgelassene Fragmente*(Fruhjahr 1873), in: *Kritische Gesamtausgabe*, ed. Giorgio Colli and Mazzino Montinari, vol. VII/3, Berlin: de Gruyter, 1974, 18, line 34 [123].

Sandel, Michael, *Public Philosophy: Essays on Morality in Politics*, Harvard University Press, 2006.

Searle, John, *The Construction of Social Reality*, New York: Free Press, 1995.

Truog, Robert D. et al., "The Toughest Triage-Allocating Ventilators in a

Pandemic", *NEJM*, May 21, 2020.

Wood, Allen, *Kantian Ethics*, Cambridge University Press, 2008.

Young, I. M., *Justice and the Politics of Difference*, Princeton University Press, 1990.

김명자, "기후변화와 팬데믹의 복합위기, 돌파구는 있는가?", 『철학과현실』, 철학과 현실사, 2020.

니체, 박찬국 옮김, 『도덕의 계보』, 아카넷, 2021.

들뢰즈·가타리, 이정임·윤정임 옮김, 『철학이란 무엇인가』, 현대미학사, 1999.

사이먼 블랙번, 고현범 옮김, 『생각』, 이소출판사, 2002.

야나부 아키라, 김옥희 옮김, 『프리덤, 어떻게 자유로 번역되었는가?』, 에이케이커뮤니케이션, 2020.

라투르, 브뤼노, 홍성욱 역음, 『인간·사물·동맹-행위자네트워크 이론과 테크노사이언스』, 이음, 2010.

콜린 고든, 홍성민 옮김, 『권력과 지식: 미셀 푸코와의 대담』, 나남, 1991.

포스텍 융합문명연구원
문명과 사회 총서 05

팬데믹 시대, 철학은 무엇을 해야 하는가
-감염적 존재 '호모 인펙티부스'를 위하여

발행일	2025년 5월 15일 1판 1쇄
지은이	강철
펴낸이	김일수
펴낸곳	파이돈
출판등록	제349-99-01330호
주 소	03035 서울시 종로구 자하문로17길 12-10 2층
전자우편	phaidonbook@gmail.com
전 화	070-8983-7652
팩 스	0504-053-5433
ISBN	979-11-991047-1-6 (93100)

본 저서는 2025년도 포스텍 융합문명연구원의 지원을 받아 제작되었음.
This book published here was supported by the POSTECH Research Institute for Convergence Civilization (RICC) in 2024.